K.B079080

조나단 버로우스 지음　정다슬, 한석진 옮김

A Choreographer's Handbook
by Jonathan Burrows

Copyright ©
2010 Jonathan Burrows
All rights reserved

Korean translation edition ©
2022 Workroom Press
Authorised translation from
the English language edition
published by Routledge, a member
of Taylor & Francis Group
All rights reserved

이 책의 한국어 판권은 베스툰 코리아
에이전시를 통하여 저작권자인
테일러 앤드 프랜시스 그룹과 독점
계약한 위크룸 프레스에 있습니다.
저작권법에 의해 한국 내에서 보호를
받는 저작물이므로 어떠한 형태로든
무단 전재와 무단 복제를 금합니다.

도린 버로우스를 추모하며

1931~2007

차례

서문

나의 일 중 하나는 서로 다른 춤을 배경으로 하는 이질적인 사람들을 불러 모아 안무라는 행위에 대해 함께 이야기하는 워크숍을 이끄는 것이다. 안무란 외로운 작업일 수 있기에, 우리는 다른 사람들이 무엇을 하는지 듣는 데서 기쁨을 발견하곤 했다. 우리는 대체로 다른 이들도 나와 같은 일을 하고 있음을 발견했고, 종종 우리를 갈라놓는 미적 경계를 넘어 안무가들을 놓아주지 않는 질문과 생각 들을 나눴다. 이러한 경험은 내가 자라면서 지녀 온 지식, 즉 하나의 접근법이나 일련의 신념은 늘 다른 것과 적대하듯—발레 대 모던 댄스, 연극적 대 추상적 춤, 즉흥 대 짜여진 춤, 개념적 대 춤적인 춤 등—충돌한다는 생각을 아주 흥겹게 깨부쉈다. 우리는 끊임없이 우리의 예술 형식이 비주류이며, 이해하기 어렵고, 무엇을 하는지 소통하기에 썩 좋지 않다고 들어 왔음에도 불구하고, 나는 이 워크숍들에서 많은 이들이 공유하고 널리 발현할 수 있는 열정을 목격했다.

　이 워크숍들이 남긴 노트, 그리고 그 안에 담긴 다년간 많은 춤 예술가들을 관찰하며 포착해 적어 내려간 기록들이 내가 이 책을 쓰게 된 출발점이다. 여기에 적힌 것은 그중 일부에 불과하지만, 많은 대화들이 늘 내 곁에 머물며 스스로의 선입견을 돌아보게 했다. 이 모두가 나의 진짜 직업인 안무가이자 퍼포머로서 내가 만드는 작업을 뒷받침했고, 이것들이 없었다면 이러한 역설, 질문, 견해 그리고 관찰 들은 생명을 얻지 못했을 것이다. 이 책은 예술가로서 내가 실천해 온 감각과 형태에서 자랐고, 그를 반영하며, 그에 대한 숙고 같은 것이기도 하다. 그러나 나는 내 일과 관련하여 드러나는 다양한 확실성과 불확실성에서 나온 무언가가 다른 이들의 성찰 과정에 활용될 수 있기를 바란다.

우리는 지금 춤에서 신체적, 즉흥적, 구성적, 수행적 등 다양한 테크닉을 활용해 작업한다. 우리에게 열린 접근법들은 예술 형식 역사상 전례가 없을 정도다. 나를 움직여 온 다음의 질문들은, 때로는 나를 당혹스럽게 한 문제들에 대한 나름의 응답이다.

어떻게 하면 우리는 이 선택의 벌판을 부담스러운 짐이 아닌 친구로 만들 수 있을까? 어떻게 하면 우리는 모든 것을 아는 대신, 무언가를 선택할 수 있을 만큼의 무지한 열정의 상태로 이따금 돌아갈 수 있을까?

누군가는 '그런데 책으로 안무를 배우는 것이 가능한 일인가요?'라고 물을지도 모르고, 마땅히 물어야 하는 질문일 것이다. 아니, 이 책은 안무하는 방법을 배우기 위한 초대가 아니다. 그보다는 당신이 원래 하려던 일을 계속하게 하고, 어디까지나 논쟁할 거리를 제공한다는 측면에서 이 책은 도움을 줄 수 있을 것이다.

이 책을 집어 드는 것만큼 놓아 버리는 것 역시 유익한 일일 것이다.

사진은 싣지 않았다. 사진은 춤 이미지를 고정시켜 당신만의 독특한 방식을 펼치는 데 걸림돌이 될 우려가 있기 때문이다.

이 책을 한국어로 옮긴 정다슬과 한석진에게 고마움을 전한다. 그들과 만나 작업한 덕분에 책에서 던졌던 질문과 개념 들을 재고할 기회를 얻어 기쁘다.

춤추기 / 원칙들

춤추기

당신이 춤추는 방식을 알고 있다는 생각에서부터
시작해 보자.

훈련은 가끔이지만 뜻밖의 즐거움을 가져온다.

원칙들

나는 어떤 원칙, 내가 어떻게 시작할지 알려줄 원칙을
찾는 것으로 책을 쓰기 시작하려 한다.

이 책을 쓰는 원칙은 다음과 같다: 내가 하나의 춤을
안무하거나 공연을 만드는 방식으로 책을 쓴다. 이건 내게
효과가 있는데, 지금 당장의 주된 두려움, 내가 무엇을
하고 있는지 모른다는 두려움을 다독여 주기 때문이다.

우리는 보통 우리가 무엇을 하고 있는지 모른다.

시작해도 괜찮다고, 어느 순간 나를 안심시켜 줄 다른
많은 방식을 선택할 수도 있다.

시작하는 것은 어렵다.

이것은 시작하는 하나의 방식일 뿐이다.

원칙들

어떤 원칙도 갖지 않겠다고 결정하는 것 역시 원칙이다.

그냥 춤을 추겠다고, 직관을 따르겠다고 결정하는 것 역시 원칙이다.

유일한 질문은 이것이다: 어떤 방식이든 간에, 그것이 당신이 원하는 작업 방식인가?

원칙들

원칙은 규칙이 아니라, 어떤 결정을 다루는 하나의 방식일 뿐이다. 직관에 따라 최선을 다할 수 있도록 당신을 자유롭게 하는. 때로 선택에 압도당하면 직관적이기 어렵다.

동시에 당신이 원하는 것을 만들 수 있다는 생각은 환상이다. 당신은 당신이며, 당신은 당신이 만들 수 있는 것만 만들 수 있다. "당신은 어떤 방식으로 시도하고 만들든, 당신이 만들려는 작품을 만들 것이다." 안무가 로즈메리 부처가 내게 한 말이다. 비결은 당신이 무엇을 만들 수 있는지 찾아내는 것이다.

저자와의 대화, 1999년.

이건 단지 작업일 뿐이다.

필요하다면 무엇이든 해라.

원칙들

일단 시작한 이후에는, 진행하면서 도움이 될 만한 여러 생각들을 적는 일이 유용하다는 걸 알았다. 다음은 내가 생각했던 것들이다.

한 번에 한 시간만 작업하고 적어도 일주일 동안은 그것에 대해 판단하지 마라.

한 번에 하나의 파트를 만들고 나서 내려놓고 다음 조각을 새롭게 시작한다. 다음 조각은 마지막이 끝나는 부분부터 시작해야 하며, 새로운 방향으로 가는 것에 거리낌이 없어야 한다. 모든 생각은 다음을 제안할 것이며, 나는 더 이상 생각나지 않을 때 멈출 것이다.

처음부터 시작하고 진전시킨다. 나는 처음부터 시작하는 것을 좋아한다. 어떤 것이 다른 것으로 이끄는 방식을 좋아하기 때문이다. 다른 이들은 어느 다른 곳에서 시작하고 나중에 정리하는 것을 선호한다. 이것은 당신이 어떤 사람인가에 따라 그리고 당신이 만드는 것이 어떤 작품인가에 따라 다르다. 작업 방식의 차이는 때로는 생각했던 것만큼 크지 않다. 선택의 문제일 뿐이다.
당신은 어떻게 작업하길 원하는가?

바보 같은 생각을 말하라. 이 원칙은 과학자 프랜시스
크릭으로부터 빌려왔다. 그는 1953년 제임스 왓슨과 함께
DNA 이중 나선 구조를 발견했다. 크릭은 실험실에서
다음과 같은 원칙을 활용했다. 누구든 아이디어가
떠오르면 그것이 아무리 바보 같아도 말해야 한다.

"바보 같은 아이디어를 제시하는 것은 부끄러운 일이
아니다. 다른 이가 그것이 바보 같다고 말했다고 불쾌하게
받아들이지 않는다."

맷 리들리, 『프랜시스 크릭: 유전 부호의 발견자』(뉴욕: 하퍼콜린스,
[2006년]2008년), 103.

또한 프랜시스 크릭은 이렇게 말했다. "우리가 더듬더듬
거리다가 금을 발견한 건 사실이지만, 우리가 금을 찾고
있었다는 것 역시 사실이다."

리들리, 『프랜시스 크릭』, 76.

1962년 프랜시스 크릭과 제임스 왓슨은 노벨
생리의학상을 수상했다.

원칙들

원칙은 지도가 존재하지 않는 곳의 지도를 만드는
방법이다. 풍경은 늘 거기 있지만, 지도는 당신이 어디로
갈지 결정하는 것을 도와줄 것이다.

지도 없이 풍경으로 들어가는 것이 당신이 원하는 바라면,
그것 역시 괜찮다.

원칙들

그다지 많은 아이디어가 있진 않다. 당신이 하나의
아이디어를 찾으려면 오랜 시간이 걸릴지도 모르나
기다림은 가치가 있다. 때로는 발견한 후에야 그것이
아이디어였음을 깨닫기도 한다.

원칙들

이것은 가장 좋은 작업 방법이 아니다. 단지 하나의
방법일 뿐이다.

원칙들

이것이 효과적이지 않다면, 잊어버려라.

재료

재료

'재료'라는 단어를 사용할 때, 우리는 무엇을
의미하고자 하는가?

재료

내가 함께 일하려고 선택하는 퍼포머는 춤 작업에 가장
중요한 첫 번째 재료이다. 모든 것은 그 선택에 달려 있다.
나는 누구를 선택했는가 그리고 그들은 무엇을 할 수
있는가? 나 자신과 작업할 때도 예외는 아니다. 사실상
나 자신과 작업할 때 나는 내가 무엇이든 할 수 있다고
스스로를 더 쉽게 속일 수 있다. 나는 모든 것을 할 수
없다. 그러므로 내 질문은 이것이다: 나는 무엇을 할
수 있는가?

"협력하는 가장 좋은 방법은 협력하는 데에 딱
맞는 사람을 선택하는 것이다. 그러고 나서 그들을
무조건적으로 신뢰하는 것이다." 이것은 작곡가 케빈
볼런스가 나에게 한 말이다.

저자와의 대화, 1993년.

('협업'과 '위계' 참조)

재료

우리는 춤에서 '재료'라는 단어를 즉흥 과정에서 찾은 개별적인 움직임 혹은 짧은 시퀀스를 묘사하기 위해 사용하곤 한다. 그것들은 안무를 창작하기 위해 서로 관계를 이루며 배치된다. 이는 움직임 그 자체에 중점을 둔다. 이것은 작업을 하는 아주 좋은 방법일 수 있다.

다음처럼 재료를 바라볼 수도 있다. '재료'는 두 가지 움직임 사이의 틈에서 발생하는 것이다. 이는 구성, 즉 서로 연관되도록 두 가지를 배치하는 데 중점을 둔다.

서로 연관된 배치는 그것들을 완전히 변모시킨다.

('연속성'과 '관계' 참조)

재료

쉽게 오는 것을 받아들여라. 나는 이 원칙을 내가 이 책을 쓰는 원칙에 추가할 것이다. 쉽게 오는 것을 받아들이는 것은 그 옆에 무엇이 있느냐에 따라 모든 것이 변함을 믿는다는 뜻이며, 그것은 내가 알아차려야 하지만 반드시 통제할 수 있는 것은 아니다.

습관

습관

당신은 하고 싶은 것을 하고 있는가 아니면 습관을
따라가고 있는가?

어쩌면 습관을 따라가는 것도 적절하지 않을까?

습관

습관이란 당신이 줄곧 반복해 왔기에 그 행동이
무의식적으로 표현되는 것이다. 그러면 당신은 그것에
따라붙는 의미와 감정에 둔감해진다. 습관에 접근하는
한 가지 방법은 그것들을 의식적으로 깨뜨리거나
밀어내려는 시도일 수 있다. 다른 접근법으로는, 습관을
다시 가시화해 의미와 감정을 재발견하고 당연시 여겼던
것들을 소중히 여기는 시도일 수 있겠다.

오직 당신의 습관만 이용한 작품을 만들어 보라.

습관

역설적으로 내가 할 수 있는 것이 고리타분한 아이디어, 습관뿐이라는 것을 받아들이면 긴장이 풀리고, 긴장을 푼 후에야, 나는 비로소 생각 없이 새로운 무언가를 한다.

('테크닉' 참조)

반복

반복

반복은 어떤 것을 한 번 이상 보여 줌으로써 강조하거나 약화시키는 장치이다.

안무가 메그 스튜어트에 의하면 "내 작품의 특징은 시간의 지연 또는 연장 같은 것이다. 하나의 이미지를 보고, 다시 보고, 몇 번 더 경험하고, 첫인상을 넘어서기 위해서, 그래서 당신이 처음 스쳐 지나갔을 때와는 완전히 다른 것이 되도록."

메그 스튜어트와의 인터뷰, 『안무가와의 대담』(런던: 사우스뱅크 센터, 1998년), 7.

이것은 변화의 바다에서 관객이 인지하는 순간이다.

또는 런던의 한 워크숍에서 말하길 "반복은 때때로 변화가 필요하게끔 만드는 데 유용하다."

더 플레이스 극장, 런던, 2008년.

또한 반복은 리듬에 다다른다.

반복

작곡가 모턴 펠드먼은 다음과 같은 이야기를 들려준다.
"사뮈엘 베케트가 하는 것들이, 모두는 아니지만, 많은
부분 그렇다. 그는 무언가를 영어로 쓰고, 프랑스어로
번역하고, 다시 그 생각을 영어로 되돌려 운반한다…
거기에는 독특한 지점이 있다. 나는 그것을 이해할 수
없다. 마침내 나는 모든 대사가 사실 같은 생각을 다른
방식으로 말하고 있음을 안다. 그러나 그 연속성은 마치
어떤 다른 일이 일어난 것처럼 작동한다. 다른 아무것도
발생하지 않는다."

모턴 펠드먼, 「다름슈타트 강의」, 『모턴 펠드먼 선집』, 발터 치머만 엮음
(뉴욕: 비기너 프레스, 1985년), 185.

('연속성' 참조)

이것은 작업을 하는 원칙의 또 다른 예시이다.

반복

재료를 반복할 때 그것을 두 가지 한도에서 바꿔 보라.

이는 관객이 다음에 무엇이 나올지 궁금하게 만드는
속임수이다. ('기대' 참조)

당신의 재료가 점프라면, 반복할 때는 방향을 바꾸고, 무릎을 낮게 구부려 뛸 수 있다.

"점프를 해야 하는 이유를 찾기란 어렵다." 안무가 톰 로든이 내게 했던 말이다.

핫하우스 워크숍, 더 플레이스 극장, 런던, 2004년.

때로는 춤을 춰야 하는 어떠한 이유도 찾기 어렵다.

반복

('변화율' 참조)

반복

벨기에인들의 여왕

아스트리드의 죽음을 추모하기 위해
벨기에인들이 만든, 나의 어머니처럼,
30대의 아름다움과 평온함을 띤
그녀의 얼굴이 그려진 우표를
나의 아버지는 소중하게 여겼다.

조언대로, 나는 그것을 물려받아
지금 앨범에 가지고 있다.
유럽 끄트머리 여왕의
얼굴에서 내가 발견한 것은
아버지였다.

아버지가 앨범에 넣어 둔
아스트리드 여왕의 얼굴은,
사랑으로 내 마음속에 들어왔다.
내가 아는 모든 것의 중심처럼 거기에 있었다.
지금 나는 당시 아버지의 나이다.

더글러스 던, 『새로운 시 선집 1964~2000』(런던·뉴욕: 페이버 앤드 페이버,
2003년), 12.

나는 더글러스 던이 아스트리드 여왕의 얼굴 이미지를
두고 고심한 것이 마음에 든다. 그는 매 연마다 계속해서
언급하며 이 이미지로 되돌아가고, 자신이 찾고 있다고
생각할 수 없었던 것, 자신이 그의 아버지가 되어 가고
있다는 깨달음에 예기치 않게 도달했다. 물론 그러한
결론을 내리려고 했었다면, 거기에 도달하지 않았을지
모른다. 이러한 기계적이지 않은 반복은 그 생각이 다시
떠오를 때마다 새롭게 생각하고 발생하는 의미를 천천히
강조한다. 마침내 이 시가 예기치 않게 궁극의 이미지인
아버지로 도달했을 때, 이 이미지는 여왕의 얼굴들의
합창으로 인해 증폭된다.

내가 본 첫 포스트모던 댄스는 당시 뉴욕에서 온 안무가인
또 다른 더글러스 던의 솔로 작품 「빨간색 몸짓들」이었다.
더글러스 던, 「빨간색 몸짓들」(1975년), 댄스 엄브렐러 페스티벌,
리버사이드 스튜디오, 런던, 1978.

때때로 나는 내가 만든 모든 작품들이 그의 솔로를, 몇
번이고 반복해서 재창작하는 시도였다고 생각한다.

당신에게 모든 것을 변화시킨 공연은 무엇이며,
그 이유는?

반복

「별거 아닌 강연」에서

                     우리는
마지막을
향해
천천히
나아간다,   그리고
쉽게
떠오르는
각각의
아이디어는   그
다음
아이디어   를
제안한다:
여기   서
반복   은

간헐적인
단어들   과
구절들   또는
아이디어들의
공명으로
제한된다.

이러한 재현
들이 발생할 때
그것들은
떠오르   는
이미지   를
강화   또는
약화시키기   위한
수단   이다.

               그것들은
바다   에서,
변화   의
바다   에서
관객   이
인지   하는
순간   이다.

익숙한 것에 대한
기쁨은
언어의
지형을
포함한
모든 지형으로
우리를 안내할 수 있다.

패턴은
내가 군중
속에서 당신의
얼굴을 인식   하고
당신이 나의 얼굴을
인식하게 해 준다.

               우리가
한목소리   로
말할 때   당신이
동일한   것을
동시에
두 번
들으면,
               우리의
목소리
               와
성격
               속
근소한   차이가
드러난다.

코   의
크기   또는
턱이   접히는

부분들은　　　　우리가
살피는
얼굴　　　　　에서
식별　　　　　되는
유사성　　　　과의
관계　　　　　속에서
정밀　　　　　하게
증폭된다.
*
*
행동　　　　　의

영역　　　　　에서
차이　　　　　의
정도가
작을수록　　　우리는
무엇이　　　　다른지
더　　　　　　많이
지각한다.

　　　　　　　우리는
마지막을　　　향해
천천히
나아간다,　　그리고
쉽게

떠오르는 각각의
아이디어는 그
다음 아이디어를
제안한다

반복은
어떤 것을
한 번 이상 보여 줌으로써
심화 또는
약화시키　　　　　　는
수단이다.

하나　　　　　　　의
음악
프레이즈　　　　　의
복제　　　　　　　는
그 이상을
열렬히
갈망하게
만들 수　　　　　있다.
매우 자주
들리는 멜로디는
지루함을　　　　　지나
은총의 상태로　　　들어가는
고양된

의미에
당도할 수   있다.

주제의
회귀는
모든 것을
변형시킨다.
반복되는
단어는
결국
상투적인 말이   되고
움직임이
순환될   때
그것은
전진과
포기
사이를 맴도는
어떤 것   으로

굳어진다.
반복은
리듬을 만들어   내는
하나   의
방법이다.
*

우리는

지금
작품   의
끝에서 두 번째 부분을
시작한 지
조금   되었다.
*

우리는
마지막   을
향해
천천히
나아간다   그리고

쉽게
떠오르는
각각의 아이디어   는
그다음
아이디어를
제안하는데   그것은
때때로   한
단어   또는 한
문구   또는
우리가
전에

들은 적 있는 생각   의
흔적이다.
반복.

반복은
어떤 것을

                    한 번
이상,   한 번
이상
보여 줌으로써
강조 또는
약화시키   는
수단이다.   그것은
변화   의
바다   에서
관객   이
인지   하는
순간   이다.

익숙한 것에

                    대한
기쁨은
언어의
지형을
포함한

모든 지형   으로
우리를 안내   할 수 있다.

하나의
음악
프레이즈   의
복제   는
그 이상   을
열렬히
갈망하게
만들 수   있다.

                    우리는
단지 그것이
결국
끝날 것임을
알기 때문에
더 많은   것을
*
원한다.   더 많은 것에
대한   우리의
갈망   은
대상들이 결국
변화할 것이라는
우리의 기대와

정비례한다.   우리는
단지 시간을 채우는
반복과

지루함 또는
실망감을 느끼지
않은 채,
새로움에 대한
욕구를
즐겁게
참아내는
반복
간의 차이   를
인지한다.
*
*
*

*
*
*

멜로디 또는
문장의
반복은

지루함을 지나
은총   의
상태로
들어갈 수 있다.

순환되는
움직임들은
전진과
비상   사이를
맴도는
어떤
것으로

굳어진다.
반복되는
단어는
결국
불가항력으로
기도문에   도달한다.

                        우리가
한목소리   로
말할 때   당신이
동일한   것을
동시에

두 번
들으면

　　　　　　우리의

목소리　　　와
성격　　　　속
근소한　　　차이가
드러난다.
*
*

얼굴　　　　은
제일 작은
결점도
구두점
처럼
두드러질　　정도로
알아볼 수　　있는
것이기　　　때문에
코의
크기 또는
턱이　　　　접히는
부분들은　　우리의
지각 속　　　에서
증폭된다.
행동의

영역   에서
차이   의
정도가
작을수록, 우리는
무엇이
다른지
더 많이 지각한다.

반복은
변화를
위해 필요한 것을
구축하는   데
때때로
유용하다.
반복.

반복은
또한
리듬   에
다다르는   하나의
                           방법이다.

조나단 버로우스, 마테오 파지온, 「별거 아닌 강연」, 마스메헬런 예술센터와
림뷔르흐 댄스 제작, 2009년.

「별거 아닌 강연」은 존 케이지의 「무(無)에 관한 강연」의 구조를 빌려와, 음악에 맞춰 리드미컬하게 발화하는 퍼포먼스이다. 위의 텍스트 형태는 발화되는 단어들의 리듬을 시각적으로 보여 주며, 각각의 줄은 비트를 표현한다. 활자화된 단어 사이의 간격은 우리가 말할 때의 흐름 또는 망설임을 암시하고, 별표는 계산된 정지이다.

특이한 텍스트 레이아웃은 주어진 형식에서 즐겁게 협의한 결과물로서, 우리가 잘못된 곳에서 빠르게 또는 느리게 말하고 잘못된 음절을 강조하도록 한다. 이것이 유효하다면, 이런 오류는 당신이 듣는 것을 포기하려는 바로 그 순간 귀를 바짝 기울이게 해 준다.

「별거 아닌 강연」 공연에서 이러한 단어들은 슈베르트에서 많은 부분을 가져온 음악, 그리고 대조되는 단어와 음절로 구성된 139장의 슬라이드 프로젝션과 동반된다. 마지막에 마테오는 그랜드 피아노를 연주하고 우리는 팔을 흔들고 소리를 지른다.

('형식'과 '스코어' 참조)

즉흥 / 자르고 붙이기 / 안무

즉흥

즉흥은 작업을 하는 하나의 방법이다. 경우에 따라,
누군가에게 이것은 자유를 제공해 준다. 충동과 순간의
지성을 따르는 자유, 형식에 얽매이지 않고 그 순간을
구성하는 딱 맞는 한도에 이르는 자유, 사유하는 신체와
정신의 속도로 작업하는 자유.

즉흥

때때로, 정해진 형식에도 이러한 자유가 있다. 선택하지
않아도 되는 자유, 벗어날 무언가가 존재하기에 벗어날 수
있는 자유.

즉흥

즉흥은 공연하기 위한 원칙이 될 수 있다. 다른 어떤
과정만큼이나 많은 집중, 명확한 의도, 과정, 진정성,
시간을 요구하는 공연 창작 접근법이다. 만약 안무가
결정을 내리는 것에 관한 것이라면, 혹은 전체가 부분의
합을 넘어서기 위해 서로 관계하며 배치된 오브제에 관한
것이라면, 혹은 연결된 재료들의 연속성에 관한 것이라면,
즉흥 공연은 다른 어떤 접근만큼이나 안무적 행위이다.

단지 결정을 더 빠르게 내릴 뿐이다. 어떤 이들에게
이것은 작업에 딱 맞는 유일한 방법이다. 어떤 작품에서는
이것이 작업에 딱 맞는 유일한 방법이다.

질문은 이것이다: 당신이 원하는 작업에 딱 맞는 방법은
무엇인가?

이 순간, 이 과정에서, 당신은 무엇을 할 수 있는가?

당신이 선택한 작업 방식에서 무엇을 얻고 무엇을 잃게
될 것인가?

잃는 게 있을 것이다.

이러한 모든 물음은 당신이 무엇을 하려는지 모를지라도
던질 수 있다. 당신이 무엇을 하려는지 모른다는 사실을
알고 있는 한은 말이다.

당신이 무엇을 하려는지 몰라도 괜찮다.

즉흥

즉흥은 최종 작품의 구조가 될 혹은 최종 작품에 놓일
재료를 찾는 작업 방법일 수도 있다.

이런 방법으로 작업하면 많은 재료를 매우 빨리 만들어 낼 수 있다. 하지만 찾아낸 재료를 어떻게 활용할지 알아내는 것이 항상 쉽지는 않다.

나의 모습은 이러하다: 나는 즉흥을 하고 내가 파악할 수 있는 능력을 넘어서는 복잡함 한가운데에 있음을 발견한다. 말하자면, 날아다니고 있다. 내가 그 순간을 기억이나 비디오에 기대 재창조하려 해도, 절대 동일할 수 없다. 나는 즉흥을 하거나 그 복잡함의 70퍼센트만을 되찾을 수 있음을 받아들여야 한다.

70퍼센트면 충분할지도 모른다.

태극권의 형태에 담긴 생각에 따르면, 당신은 당신이 가진 능력과 힘의 70퍼센트만 사용한다. 누락된 30퍼센트는 당신 몸에서 개발할 여지가 있는 부분이다.

많은 훌륭한 작품들은 우리가 놓친 것이 다른 무언가가 올 여지를 남긴다는 사실을 받아들이는 과정으로부터 나온다.

자르고 붙이기

재료를 찾는 도구로서 활용하는 즉흥은 먼저 대상을 발견한 후 배치하는 순서를 결정하는 식의 안무 과정과 밀접하게 연결된다. 이러한 과정을 '자르고 붙이기'라고 부르자. 많은 이들에게 매우 훌륭한 작업 방법이다.

자르고 붙이기는 아마도 즉흥으로 발견된 조각을 다루는 가장 효과적인 방법일 것이다. 우리는 강렬한 움직임을 찾기 위해 즉흥을 하고, 그것들을 한데 모으기 위해 자르고 붙이기를 사용한다. 우리는 자르고 붙이는 기술을 발전시키고, 이는 재료를 찾는 주된 도구인 즉흥으로 매번 되돌아가게 한다. 이런 습관은 이것이 작업을 하는 유일한 방법이라는 생각에 빠지게 할 수 있다.

즉흥은 재료를 찾는 하나의 방법이다.

즉흥은 재료를 찾는 유일한 방법이 아니다.

자르고 붙이기는 안무하는 유일한 방법이 아니다.

또한 즉흥을 배제해 보라.

즉흥

즉흥은 당신의 몸이 사유하는 패턴과의 교섭이다.

안무

안무는 당신의 몸이 사유하는 패턴과의 교섭이다.

형식

형식

형식은 제약이자 해방 모두 될 수 있다.

작품의 형식은 만들 수 있는 움직임에 큰 영향을 준다.

"하지만 분명히 이것은 정확하게 '전통적 의미의 형식'이 지닌 기능, 견고한 매체와의 교섭이 제공하는 우연한 발견이다."

시인 마이클 도너기, 『월플라워』(런던: 시 협회, 1999년), 19.

"문법 체계는 폭류에 형태와 질서를 부여하는 폭포 꼭대기의 바위처럼 고정불변하다." 언어학자 존 마허가 말한, 문법 규칙과 무한히 풍요로운 언어 사이의 관계를 보여 주는 이미지다.

존 마허, 『초심자를 위한 촘스키』(케임브리지: 아이콘 북스, 1996년), 65.

형식은 때때로 자유로운 상상을 방해한다.

탐구 / 위험

탐구

나는 이 책의 집필을 탐구하고 있는가? 아니면 책을 쓰고 있는가? 내가 하는 것이 단순히 시험, 나중에 일어날 무언가를 위한 연습이길 원하지 않는다. 나는 지금 행해지길 원한다.

그래서 나는 이 책을 쓰는 원칙 목록에 새로운 원칙을 추가하고 싶다.

새로운 원칙은 이것이다: '탐구가 아닌, 오직 작업'.

물론 그렇다고 내가 대상을 탐구하지 않는다는 뜻은 아니다.

위험

나는 매번 모든 위험을 무릅쓸 필요가 없었으면 한다.

하지만 한편으론, 무언가를 바란다면 위험을 감내할 수밖에 없다는 생각으로 스스로를 위안한다.

위험

이건 단지 바보 같은 춤일 뿐이다.

**주제 / 영감 / 훔치기 / 익숙한 움직임 / 안무 /
다른 자료 참조하기 / 자기표현**

주제

다루고 싶은 주제가 있고 그것을 움직임으로 보여 주길
원한다면 그것을 말하는 딱 맞는 언어를 발견해야
할 것이다.

무엇을 말하고 싶은지 알고 있을 때, 우리가 그것을
말하고 있다고 착각하기란 매우 쉽다.

움직임을 마주했을 때 관객이 보는 첫 번째 주제는
'움직임'이다.

움직임은 무엇을 말할 수 있는가?

주제

나에게 움직임은 작업하는 데에 딱 맞는 매체인가?
반대로, 다른 매체들 역시 사용한다면 그것들은 내가
하고 있는 것을 명확하고 풍부하게 만들 것인가? 혹은 그
그림을 혼란스럽고 복잡하게 만들 것인가?

주제

춤은 무엇을 할 수 있는가?

춤은 무엇을 할 수 없는가?

춤은 모든 것을 할 수 없다.

주제

내 머릿속에 있는 아이디어는 실제이다. 하지만 이건 실제 아이디어일 뿐이며, 실제 춤 또는 공연이 아니다. 춤 또는 공연을 만들기 위해서 당신은 아이디어의 실제가 아닌 춤 또는 공연의 실제를 다뤄야만 한다. 이는 아이디어가 유용하지 않음을 의미하지 않는다. 그것이 아이디어임을 알고 아이디어가 완성된 작품이라고 착각하지 않는 한 아이디어는 유용하다.

모티프나 테마는 사실상 또 다른 머릿속 아이디어이다.

영감

당신이 영감을 얻을 수 있다면 유용하겠지만, 작업을 하는 것이 더 유용하다.

훔치기

훔치기는 당신이 훔치고 있음을 아는 한 유용하다.

당신이 만든 것은 당신이 훔친 것과 유사해 보이지 않을 수 있지만, 만약 훔친 것이라면 관객은 알아차릴 것이다. 이 경우 무엇을 훔쳤는지가 관객이 가장 먼저, 그리고 가장 강렬하게 보는 일차적인 사안이 될 것이다. 이는 당신이 만든 것을 약화시킬지도 모른다.

보통 의식적으로 무언가를 훔치면, 결과물은 훔친 것과 전혀 다르게 보인다.

훔치기

훔친 것을 지루해하지 않는 한, 자기 자신으로부터 훔치는 것 역시 유용한 전략이다.

당신의 지루함을 믿어라.

익숙한 움직임

때때로 식별 가능한 움직임은 관객으로 하여금 보는 것을 알아내야 한다는 강박에서 벗어나, 더 중요한 것에 주목할 수 있게 한다.

하지만 때때로 식별 가능한 움직임이 너무 강한
주제—예를 들어 '컨템포러리 댄스'나 '발레'—가 되면
우리는 다른 것에는 주목하지 않게 된다.

당신은 우리가 무엇에 주목하길 원하는가?

주제

만약 내가 전형적인 입장과 함께 전통적인 무용수의 평행
발 자세로 움직임을 시작한다면, 관객은 '컨템포러리
댄스'라는 주제를 알아볼 것이다. '컨템포러리 댄스'가
내가 원하는 주제라면 괜찮다.

관객으로서 우리는 우리를 향해 가장 먼저 그리고 가장
강렬하게 다가오는 것을 취하고 그것은 곧 주제가
된다. 창작자로서 우리는 관객에게 가장 먼저 그리고
가장 강렬하게 제공할 것이 무엇인지를 생각해야 한다.
우리가 그것을 늘 알아보지 못할 수도 있지만 말이다.
('약속' 참조)

가끔 관객에게는 소통하려는 우리의 강한 욕망만이 보일
수 있다. 이는 많은 공연에서 보이는 흔하지만 실수에
따른 주제이다. ('형식적 요소'와 '흐트러트리기' 참조)

안무

때때로 안무는 우리가 의식하지 않을 때만 유용하다.

시드니에서 열린 워크숍에서 이런 말이 나왔다. "당신은 구성이 주제가 되지 않도록 하기 위해 무언가를 어떻게 구성하나요?"

리 월슨, 스페이스 포 아이디어 워크숍, 시드니, 2005년.

다른 한편 '안무'는 매우 좋은 주제가 될 수 있다.

다른 자료 참조하기

다른 자료를 참조한 재료로 작업하기를 원한다면, 관객이 그 레퍼런스에 주목하길 원하는가 아니면 더 개방적이거나 모호한 것을 암시하길 원하는가?

레퍼런스를 알아차릴 수 있는가? 그렇다면 이것은 의도된 것인가?

우리가 주목한 레퍼런스는, 이따금, 당신이 필요한 바로 그것일지도 모른다.

레퍼런스가 당신의 작업을 대신해 주지 않을 것이다. 하지만 딱 맞는 맥락 속에서 딱 맞는 이유로 그것을 사용한다면 당신이 하길 원하는 작업을 해 줄 것이다.

자기표현

주제가 내 자신이라면, 다른 이들이 나에게서 볼 수 있는 것들을 보는 방법을 찾는 것이 최선이다. 왜냐하면 나는 나에 대해 너무 잘 알아서 아무것도 볼 수가 없기 때문이다.

당신에게 익숙한 것들은 때로 당신이 가장 필요로 하는 것이지만, 너무나 당신의 일부이기에 보이지 않거나 가치 있게 여겨지지 않는다.

"우리에게 가장 중요한 것의 면면은 단순함과 익숙함 탓에 가려진다. (무언가 알아차릴 수 없다면, 그것이 항상 당신 눈앞에 있기 때문이다.)" 루트비히 비트겐슈타인.

루트비히 비트겐슈타인, 『철학적 탐구』 129절에서 발췌(옥스퍼드: 블랙웰, [1953년]1999년), 50.

'너무 익숙한' 것에 대해 관점을 갖는 기술을 찾아 두면 작업, 구조, 개념, 안무를 위한 원칙들, 또는 반직관적인 개인적 표현 행위로 보이는 다른 모든 작업 방법들에 유용하다.

안무가로서 우리의 임무는 우리가 하고 있는 것을 느낄 만큼 가까이 머무는 동시에 다른 이가 지각하는 것을 바로 파악할 만큼 스스로에게 거리를 두는 전략을 사용하는 것이다.

안무에 대한 다른 가능한 설명은 다음과 같다: "다른 이들이 볼 수 있는 것을 보도록 잠시 물러나 있게 당신을 도와주는 것."

자기표현

"나는 춤으로 뭐든 증명하려는 욕망이 없다. 나는 발산의 수단 또는 나를 표현하는 도구로서 춤을 사용한 적 없다. 나는 그저 춤을 춘다."

프레드 아스테어, 『스텝 인 타임』(뉴욕: 하퍼콜린스, [1959년]2008년), 325.

자기표현처럼 느껴지거나 보인다고 해서 반드시 그렇게 만들어졌음을 의미하지 않는다.

자기표현

이건 (우리가 느끼지 않는다는 것은 아니지만) 우리가 느끼는 것이 아닌 관객이 보는 것에 관한 것이다.

자기표현

미국 예술철학자 수전 K. 랭어는 1953년에 쓴 책 『감정과 형식』에서 각각의 예술이 작동하는 방식을 뒷받침하고 규명하여 그 특질을 파악하고자 했다. 놀랍게도, 그녀는 춤에 관한 두 챕터를 포함하면서, 춤 예술 형식이 가지는 딜레마와 힘을 다음과 같이 명료하게 설명했다.

"이것은 '실제 움직임'이되, '가상의 자기표현'이다."

수전 K. 랭어, 『감정과 형식』(런던: 루틀리지 앤드 키건 폴,
[1953년]1979년), 178.

또한 그녀는 이렇게 말했다. "춤 예술 이상으로 잘못된
이해, 감상적 판단, 신비주의적 해석에 더 시달리는
예술은 없다."

랭어, 『감정과 형식』, 169.

('장소 혹은 공간?' 참조)

자기표현

나는 무언가를 표현해야 하나? 아니면 이미
표현하는 중인가?

주제

결국 당신이 주의를 기울이는 작업할 무언가를 선택하고,
그런 다음 그저 연습인 것처럼 자유롭게 그것을
다뤄야 한다.

연습만으로는 충분하지 않을 것이다.

원하는 것을 보면, 알아볼 수 있을 것이다. 하지만 그것은 온전히 당신 것이 아니라, 당신이 신뢰하는 재료에 속해 있을 것이다. 이러한 인식을 경험하려면, 수많은 가능성을 품은 재료들에 도달하는 수많은 원칙들을 시도해 봐야 할런지도 모른다.

작업하고 나서 버리는 것 역시 작업이다. 항상 더 많은 가능성들이 존재한다. 그중 하나가 당신이 알아볼 바로 그것이다.

약속 / 공연 공간 / 언어 / 안무

약속

공연이 시작할 때 관객이 처음 보는 것들은 약속이 된다.
동시에 공연이 펼쳐질 때 이 약속은 관객에게 공연을
어떻게 읽을지 가르쳐 준다.

이 약속은 작품을 유지시키고 이해하게끔 하는 연속성을
파악하는 데 핵심이다. 서사 작품만큼이나 추상
작품에서도 마찬가지이다.

일단 작품이 납득되고 나면 우리는 무엇이 일어나든
받아들일 수 있는 지점에 도달하는 듯하다. 펼쳐진
대상들은 연속성을 이루며 일련의 단서들을 심고, 우리는
그에 따라 어떻게 읽고, 기대하고, 인식하고, 뒤따르는
것에 놀랄지 익히게 된다.

하지만 때때로 작품이 잘못된 방식으로 연속성을
떨어뜨리면, 우리는 흥미를 잃게 된다.

이것은 작품이 우리의 기대를 저버려서는 안 된다는
뜻이 아니다.

거듭 우리의 기대를 저버리는 것 역시 연속성을
만들어 낸다.

약속

관객과의 약속이라는 아이디어는 시드니에서 열린
워크숍 동안 안무가 마르틴 델 아모로부터 얻었다. 그는
이렇게 말했다. "당신은 도구를 제공하고 있군요. 언어를
가르치면서 동시에 그것을 사용하고 있어요." 그 후
아주 우연하게도, 우리는 그의 솔로에서 완벽한 예시를
발견했다.

스페이스 포 아이디어 워크숍, 시드니, 2005년.

춤의 시작에서 마르틴은 속옷을 입은 채 하이힐 한 켤레를
들고 들어왔다. 무대 가운데에 도착하자 그는 신발을 신고
느리게 회전하는 춤을 시작했다. 이윽고 점차 복잡하게
빨라지는 선회 속에서 그의 팔은 몸 전체가 압도당할
때까지 확장되었다. 그는 절대 한 지점을 벗어나지
않았다. 마지막에 그는 신발을 벗고 품위 있게 공간
밖으로 걸어 돌아갔다.

신발을 들고 공간에 들어옴으로써 마르틴은 우리와
약속을 맺게 되는데, 일단 신발을 신으면 그가 다시는
이동하지 않을 것이라고 처음부터 우리에게 분명히 말한

셈이다. 이는 우리가 변화를 기대하는 대신 그의 춤에
집중하도록 한다.

마르틴 델 아모, 「몸에 대한 가혹한 모욕」(1997년).

공연 공간

공연하는 공간을 어떻게 다루는가는 관객과 맺는 약속의
일부이다. 더 편안한 공간은 더 편안한 시선을 불러들이고
깔끔한 주변은 날카로운 주의를 요구한다.

당신의 주변 환경은 그 안에서 일어나는 공연과 이야기를
주고받고, 공연의 영향을 받는다. 역설적으로, 청결한
공간은 가끔 놀라울 정도로 격식 없는 공연을 가능케
한다. 또한 지나치게 청결한 공간은, 이따금, 당신이 하는
것을 망친다. 이것은 상대적 영향력에 관한 문제이다.

당신은 관객에게 앉으라고 어떻게 권하고 싶은가?

아니면 당신은 관객에게 지시하기를 원하나?

공연 공간

발견된 환경에서 공연한다면, 당신이 만든 재료에 속하는
것들 외에도 또 다른 레퍼런스, 의미, 질문이 제기된다.
당신의 재료가 당신이 발견한 이 공간과 어떤 이야기를

할 수 있는가? 당신이 만드는 재료가 환경에서 나올 수
있는가? 혹은 당신이 만든 재료가 공간에 담긴 맥락,
에너지, 의미를 보완하는가 또는 마찰을 빚는가? 이
공간과 재료는 관객에게 어떠한 이야기를 청하는가?

공간 그 자체는 공연이 아니다.

언어

작품이 도달한 연속성이 우리를 사로잡아 무슨 일이
일어나든 받아들일 준비가 되면, 언어가 존재하지
않더라도 언어에 가까워지는 느낌을 자아낸다.

우리가 움직임을 묘사하기 위해서 '언어'라는 단어를
사용할 때 무엇을 의미하는가?

언어

수화는 언어이다.

언어

우리는 다음에 무엇이 일어나는지 알기를 원한다.

안무

안무에 대한 현재 나의 정의는 이러하다: "안무는
선택하지 않을 선택을 포함하여, 선택하기에 관한 것이다."

혹은 어쩌면 안무는 이러하다: "부분의 합보다 더 큰
전체를 만드는 적절한 순서로 대상을 배열하는 것."

아니면 이것: "어떤 것들을 연달아 놓아서 관객이
이해하는 무언가로 축적됨으로써 생기는 의미 또는 논리.
축적되는 이 무언가는 필연적으로, 거의 논쟁의 여지가
없어 보인다. 스토리가 없을지라도 스토리처럼 느껴진다."

규칙 깨기

규칙 깨기

나는 이 책을 쓰는 방법에 원칙을 하나 더 추가하고 싶다. 그 원칙은 이것이다: 하나의 주제를 그 페이지 끝까지 계속 다루고, 원한다면 매 구역 끝에서 새로운 주제가 등장하는 것을 허락한다.

나는 또한 이러한 원칙을 추가하고 싶다: 규칙은 효과적일 때만 유용하고, 규칙을 깨뜨리고 있음을 아는 한 내가 원할 때 그것을 깨뜨릴 수 있다.

또한 이러하다: 일이 잘 안 풀리면, 나는 잠깐 동안만 작업할 것이다, 한 15분 정도, 그러고 나서 잠시 하던 일을 내려놓고 다른 무언가를 할 것이다. 머리를 벽에 찧어 가며 문제를 푸는 것도 도움이 될 테지만, 반대로, 아침에 일어나면 모든 것이 더 선명해 보일지도 모른다.

이것이 효과가 없다면, 잊어버려라.

규칙 깨기

규칙을 깰 필요가 있으면 규칙을 깨 보라.

규칙 깨기

규칙이 없는 것이 규칙이라면 이때는 그 규칙을 깨는 것을 시도해 볼 수 있지 않은가?

('독창성' 참조)

리서치 / 어떻게 그리고 무엇을? / 드라마투르기 / 이론 / 호기심

리서치

리서치는 당신이 필요한 모든 것이다. 당신이 모르는 것을 찾는 것만큼이나 아는 것을 기억해 내는 것일 가능성이 높다.

예를 들어, 애초에 당신은 무엇 때문에 관심을 갖게 되었는가?

당신에게 확실해 보이는(다른 이들에게는 그렇지 않을 수 있는) 것은 무엇인가?

어쨌든 당신은 무엇을 생각하고 있는가?

어쨌든 당신은 무엇을 할 것인가?

당신은 무엇을 읽고, 생각하고, 보고, 하고 있는가? 이유도 모른 채로.

당신이 하는 이유를 몰라도 괜찮다.

리서치

리서치는 그것이 리서치임을 알고 완성된 작업이라고
생각하지 않는 한 유용하다. 때로는 리서치를 내려놓고
작품을 만드는 편이 낫다.

어쨌든 리서치는 제 할 일을 할 것이며, 한편 작품은
작품이고 작품만의 요청 사항이 있다.

작품은 당신이 바라는 대로 나오지 않을지도 모른다.
그래도 다행히 어떤 것에 관한 작품이 될 수도 있다. 할
일은 그 어떤 것이 무엇인지 알아차리는 것이다. 어쩌면
당신 생각보다 더 흥미로운 것일 수 있다.

만약 당신이 관객에게 무언가를 가르치길 원한다면, 춤
만들기보다 더 좋은 방법이 있을 것이다.

춤 또는 공연이 관객에게 어떻게 영향을 주는지 썩 잘
설명할 수 없다고 해서 그 사실이 반감되는 것은 아니다.
이는 춤 예술 형식의 매력 중 하나이다.

그것이 일어나는 이유를 언제나 설명할 수 없다고 해서
이를 확실히 하려는 시도를 하지 말라는 법은 없다.

어떻게 그리고 무엇을?

1분짜리 음악, 1분짜리 영상, 짧은 텍스트와 사진을 선택하라.

당신의 집에서 이것들을 선택하는 데 5분 이상 할애하지 마라.

쉽게 오는 것을 받아들여라.

선택한 것을 훑어보고, 그것을 보여 주거나 다뤄 보기 전에 다음 문장을 완성해 보라: "나는 이것을 선택했다. 왜냐하면…"

각각을 분석하라. 그것이 어떻게 만들어졌는지 '방법'을 관찰하고 당신이 그것에서 무엇을 지각했는지 '대상'과 비교해 보라.

어떻게 그리고 무엇을?

미술 갤러리를 방문하여 각각이 어떻게 만들어졌는지 '방법'을 관찰하고 당신이 그것에서 지각했던 '대상'과 비교해 보라.

춤 작품을 볼 때도 동일하게 하라.

66

묘책은 당신이 '방법'을 숙고하는 데 시간을 할애하는 동시에 '대상'을 즐기는 습관을 기르는 것이다. 이러한 시간은 결실을 맺을 것이다.

어떻게 그리고 무엇을?

화가 게르하르트 리히터는 자신의 노트에 이렇게 썼다: "나는 무엇을 그려야 할까? 나는 어떻게 그려야 할까? '무엇을'은 핵심이기에 가장 어렵다. 그에 비해 '어떻게'는 쉽다. '어떻게' 하는 것으로부터 시작하는 것은 경솔하나, 적절한 방법이다. 의도를 실현하기 위해 '어떻게'를 적용하고 그에 필요한 테크닉, 재료, 신체적 가능성을 활용하라. 의도는 아무런 아이디어, 구성, 대상, 형태도 지어내지 않음으로써 모든 구성, 대상, 형태, 아이디어, 모습을 받아들이는 것이다."

게르하르트 리히터, 『그림 그리기의 일상적 실천』(런던: 템스 앤드 허드슨, [1995년]2002년), 129.

어떻게 그리고 무엇을?

안무가 그자비에 르 루아에 따르면 "관객이 공연자로부터 얻는 것은 '무엇'이 아닌 '어떻게'이지만, '무엇' 역시 중요하다."

이그제스 워크숍, 몽펠리에 국립안무센터, 2007년.

안무가 메그 스튜어트에 따르면 "공간에서,
스튜디오에서, 극장에서의 에너지… 그것이 변하는
지점을 말할 수 있는 순간이 있다. 단지 움직임을 행하는
것이 아니라 그것들이… 그 순간 춤이 되는, 그건 마치
불현듯 무언가가 분명해지면서 당신이 경계를 밟았음을
깨닫고, 춤이 저절로 만들어지는 것 같다. 또 설명할
수 없지만 조금 위험한 영역에 있다고 느껴지고, '정말
거기로 가는 건가?' 싶고 '이건 정말 최고의 아이디어야,
말도 안 돼'라는 생각도 든다. 그 순간 의심도 많이 든다.
자신이 뭔가 위험하고 섬세한 공간에 와 있다고 느껴지고,
이때가 알게 되는 바로 그 순간이다. 나는 거기로 가서
파헤치길 원해!"

메그 스튜어트와의 인터뷰, 『안무가와의 대화』, 9.

드라마투르기

드라마투르기는 당신이 관객에게 준 각기 다른 단서들을
가져와 합쳐서 개연성 있는 전체로 만들어서 의미의 갈래,
철학적 목적 또는 논리를 만들며, 더 넓은 세계의 다른
레퍼런스와 맥락을 연결 짓는다.

드라마투르그는 가능한 의미의 갈래들을 풀어 가는
작품의 개요를 찾도록 함으로써, 그 과정 속에서 당신이
결과적 선택을 할 수 있도록 협력하는 사람이다.

때때로 드라마투르그의 역할은 예술가가 이전에 가 본 적 없던 곳에 용감하게 도달하도록 지지해 주는 것이다.

때때로 드라마투르기가 너무 확고하면 일관성 있는 작품이 만들어지고 있다는 생각이 너무 강해져서 모든 이를 속인다—물론 속이기 더 어려운 관객은 제외하고.

이론

이론적 사고를 가진 사람들이 우리가 하는 일에 관심을 가지면 기쁘다. 논리적 사고로 우리가 만든 난장판을 이해할 수 있음에, 매력적인 타당성을 지닌 다른 시각에 고마움을 느낀다.

난장판 역시 상당히 매력적이다.

리서치

나는 읽고 연구를 할 때 사고를 확장시키고, 지평을 넓히며, 지각을 전환시키는 생각을 다루길 원한다. 그러나 스튜디오로 가서는 간단한 것들이 춤에서 어떻게 존재할지로 되돌아간다.

나는 바보 같은 내 자신으로 돌아간다.

호기심

당신의 호기심에 따르라.

호기심

관객 역시 호기심이 많다.

인터뷰 / 미결 사항 / 질문들 / 원칙들

인터뷰

당신의 협력자들과 인터뷰를 해 보라. 당신은 기자이며
아무것도 모른다. 그들에게 물어라. "당신이 만든
이 작품은 무엇인가?" 당신이 만들었다고 가정하는
이상적인 작품을 묘사하기 위해 그들 머릿속에 떠오른
무엇이든 말하도록 청하라. 전부를 받아 적어라.

이 모든 것에 숨겨진 원칙들을 찾아라. 하나의 원칙을
선택하라.

거기 어딘가에 실마리가 있을 것이다.

그건 분명해 보일지도 모른다.

미결 사항

이해되지 않고, 이해할 수 없음을 알고 있음에도 불구하고
사라지지 않는 아이디어가 무엇인가?

이 아이디어가 당신의 마음속에 떠다닌 지 얼마나
오래되었는가?

이 아이디어를 따른다면 어떤 일이 벌어질까?

완벽하고 완전한 실패는 늘 선택지에 있다.

최고의 아이디어일지라도 때론 실패한다. 최악의
아이디어일지라도 때론 성공한다.

당신이 만든 모든 것을 공연할 필요는 없다.

질문들

일주일간 하루 열 가지 질문을 당신 스스로에게 던져라.

그것들을 적고 답하지 마라.

그것들을 다시 보든 아니든 당신에게 필요한 질문은 하게
될 것이다.

당신이 물었던 그 질문의 무한한 가능성 내에서 찾은
답변을 받아들여라.

원칙들

뭐든 당신에게 시작하는 방법을 말해 주는
무언가가 있는가?

한 가지를 해라.

당신이 하고 싶은 그다음 것은 무엇인가?

일주일간 이것을 해 보라.

이건 단지 바보 같은 춤일 뿐이다.

재정의 한계 / 스튜디오 / 지원금 신청서

재정의 한계

재정적으로 그리고 인프라의 측면에서, 당신에게 허락된 상황은 무엇인가?

당신의 상황은 좋든 나쁘든 간에 일어나는 일에 영향을 주며, 당신의 한계점을 인지하는 것은 과정의 일부이다.

실질적 한계는 창의적인 의사 결정을 하는 가장 멋진 자극제가 될 수 있다.

나는 주방에서 작업한다.

스튜디오

안무가 제롬 벨이 이렇게 말했다. "어딜 가든 당신에게 주는 힘이 있다. 스튜디오 안에 있으면 내가 전에 했던 것들, 더는 하길 원하지 않는 것들에 반응을 보일 테고… 그래서 말했다. '그래, 스튜디오는 아니야.' 그리고 이것이 모든 것을 바꿔 놓았다."

「평행한 목소리들」 토크, 쇼반 데이비스 스튜디오, 런던, 2007년 2월.

스튜디오

당신이 작업하는 장소는 당신이 무엇을 할 수 있는지에
영향을 줄 것이다.

당신은 어디에서 작업하는가?

당신이 작업하기에 적절한 장소는 어디일까?

지원금 신청서

당신이 지원금을 신청한다면 무엇을 할 것인지를 아주
잘 기술하여 작성해야 할 것이다. 어떤 이들은 이것을
아주 좋은 작품을 만드는 것과 혼동하지만 이 둘은
동일하지 않다.

기술하기 전 아마도 당신이 무엇을 할 것인지 알지 못할
가능성이 높다. 단지 할 필요가 있을 뿐이다. 하지만 일단
기술하고 나면, 당신의 처지는 달라진다. 이제 무엇을
할지는 여전히 모르지만, 당신이 한다고 말하는 종이가
있다. 질문은 이러하다: 당신이 쓴 것을 믿고 싶은 마음을
어떻게 막을 수 있을까?

때로는 작품에 대해 기술하는 것만으로도 충분하며,
당신은 그것을 발전시킬 수 없을지도 모른다. 하지만

때때로 기술은 당신이 무엇을 만들기 원하는지를
생각하도록 도와줄지도 모른다.

이건 모두 단지 작업일 뿐이다.

지원금 신청서

지원금 신청서를 작성하는 아마도 가장 좋은 방법은
다음과 같다:

당신이 성공했을지라도, 그리고 심사 위원 전부를
알고 있을지라도, 그들이 당신을 알고 있을 것이라고
추측하지 마라.

당신이 누구인지 그리고 무엇을 했는지를 말하는 것으로
시작하라.

그다음은, 그들이 다른 이가 아닌 당신에게 돈을 주어야
하는 이유를 말해라.

마지막으로, 당신이 무엇을 하길 원하는지 그리고 어떻게
할 것인지를 성실하게 기술하는 몇 문장을 적어라.

그러고 나서 썼던 것을 잊으려고 해 보라. 그들을 위해서
썼던 것은 당신에게 전혀 도움이 되지 않을 것이다.

그렇지만 돈을 받게 되면 당신에게 매우 도움이 될
것이다. 만약 받지 못한다면, 작품을 만들 수 있는 다른
방법을 찾아라. ('재정의 한계' 참조)

당신은 방법을 찾을 것이다.

준비 / 리허설 스케줄 / 중압감

준비

작업 준비는 까다로운 일이다. 너무 많이 준비하거나 너무 확고하게 기대치를 고정하기 쉬우며, 동시에 어느 정도의 준비는 스트레스가 많은 댄스 스튜디오 환경에서 큰 도움이 될 수 있다. ('스튜디오' 참조)

준비

"아무리 작은 전념일지라도 사람을 거대한 두려움으로부터 구해 낸다."

『바가바드 기타』, 알라디 마하데바 샤스트리 옮김(마드라스: 사마타 북스, [1977년]1995년), 59.

모든 것을 제대로 하려는 욕구는 종종 결국 아무것도 못 하게 우리를 막아 버리는데, 요가 철학에서 나온 이 개념은 이로부터 무용수를 해방시키는 데 한없이 유용하다. 이는 무언가 만드는 데뿐 아니라 연습에도 해당된다.

조금뿐이어도 충분하다.

당신은 그것을 즐기고 있는가? 그것이 하기 싫은
일이어서는 안 된다.

안무가 닐 그린버그는 이렇게 말했다: "나에게 최고의
워크숍이란 최소한의 준비를 취하는 워크숍이다." 이것은
기막히게 훌륭한 생각이다.

저자와의 이메일, 1999년.

지금 당장 작업에 필요한 방법이라면, 준비하지 않는 것
역시 준비이다. 준비하지 않기로 결심하는 것 역시 집중할
수 있도록 하는 조치이다.

리허설 스케줄

때로는 하루에 한 시간이면 충분할 수 있으며, 세 시간은
확실히 길다—어떤 사람들은 하루 종일 작업하기를 아주
좋아한다.

당신은 얼마만큼의 시간이 있는가? 아마도 그것이 딱
적당한 양의 시간일지 모른다.

결정을 내리고 순서를 익히는 데에는 당신이 가진 그
시간만큼 걸릴 수 있다.

당신의 지루함을 믿어라.

하루에 하나면 충분할 것이다.

어떤 것은 당신이 무엇을 원하든 그렇게 된다.

작업을 멈출 때를 아는 것은 작업하는 것만큼이나
중요하다.

무용수는 잘 훈련된 사람이지만 때론 멈추는 훈련을 하는
것이 가장 좋은 훈련이다.

리허설 스케줄

당신의 작업을 또는 작업하는 공간을 관리하는 사람들은
당신이 오랜 시간 작업하길 기대할지도 모른다. 당신에게
필요한 작업 방식을 어쩌면 그들에게 차근차근 설명할 수
있지 않을까?

당신이 함께 작업하는 다른 이들로부터 오는 압박감은
때로는 유용하지만 항상 그렇진 않다.

('작업 관리하기' 참조)

중압감

중압감은 새로운 작품을 준비하고 만들고 공연하는
과정에서 종종 생기며 심오함으로 쉽게 오해할 수 있다.

중압감이 생길 때 그것이 당신을 불행하게 만든다면,
당신은 리허설 스케줄, 작업 방법, 선택한 재료에 대해
조심스레 질문을 던져볼 수 있다.

이러한 질문에 비추어 당신이 만든 것을 살펴보고 하나
또는 두 개의 새로운 접근을 시도하라. 한 번에 하나만
변화를 주고 어떤 결정을 내리기 전에 머리를 식혀라.
이전에 했던 것으로는 언제든 되돌아갈 수 있다.

무언가를 시도하고 이내 다시 그만두더라도, 때로는 그
시도가 당신이 하던 것을 이미 변형시켰을 것이다.

때때로 중압감 있는 작품은 심오하다.

리허설 스케줄

당신이 만든 첫 번째 것이 작품이 되지는 않겠지만,
어디선가 시작하지 않는다면 어디든 갈 수 없을 것이다.

하나의 아이디어에서 시작하라. 만약 그다음이 있다 해도, 지금은 그것을 볼 수 없다.

일주일간 당신이 하는 일에 의문을 품지 말고 작업하고, 그다음에 살펴보라.

다시 생각하고, 다시 시작하라.

당신이 하는 일에 집중하고, 더 큰 그림은 자연스럽게 맞춰지도록 두어라.

이건 단지 작업일 뿐이다.

협업 / 관객

협업

협업은 같이 작업할 딱 맞는 사람을 선택하고 그들을
신뢰하는 것이다. 하지만 당신은 모든 것에 동의할 필요는
없다. 협업은 때때로 동의하지 않는 딱 맞는 방법을
찾는 것이다.

각자가 동의하는 것과 동의하지 않는 것 사이의 간극은
당신이 새로운 무언가를 발견할 수 있는 지점이다. 그것은
아마 당신이 보면 알아차릴 만한 것이겠지만, 안다는
사실을 몰랐을 것이다. 이것이 협업하는 이유이다.

당신이 발견하려고 마음먹는다면, 관객이 발견할 수
있는 무언가가 존재한다. 당신이 협력자들과 너무
동의하려고 들면, 당신이나 관객 모두가 새로 발견할 것은
없을 것이다.

관객

관객은 할 일이 있는 것을 좋아한다.

협업

저술가 에이드리언 히스필드에 따르면 "협업이란 다른 이들이 말한 쪽으로 가는 것이 아니라 그들이 말하지 않았던 쪽으로 가는 것이다."

「자주 묻는 질문」, 팀 에첼스와 에이드리언 히스필드가 기획한 지속적인 렉처 퍼포먼스, 탄츠콰르티에 비엔나, 2007년 11월 24일.

저술가 조 켈러허에 따르면 "협업하기란 마치 두 사람이 머리를 서로 세게 부딪히는 것과 같으며, 협업은 그 후에 남는 멍이다."

조 켈러허, 「자주 묻는 질문」, 2007년 11월 24일.

협업

대화는 협업하는 유일한 방법이다.

대화가 결국 어디론가 당신을 끌고 갈지도 모르는 낙담에서 달아나는 손쉬운 도피처가 되어선 안 된다.

너무 많이 이야기하지 마라.

협업

당신이 성공적으로 협업할 수 있는 사람들이 세상에 많지
않다. 따라서 그런 사람을 발견하면 소중하게 생각해야
한다. 하지만 때론 잠시 혼자 있는 것이 그들을 소중하게
여기는 최고의 방법일지도 모른다.

협업

운이 따라 준다면, 한번 길을 잘못 들어 모든 것이 날아가
버렸다고 여겨 이따금씩 절망하는 순간에 협업자가
당신을 구해 줄 수 있다. 반대로 당신이 때때로 그들이
혼자였을 때 해내는 것보다 조금 더 많은 통찰을
제시할지도 모른다.

('자포자기' 참조)

독창성 / 패러독스

독창성

이것에 관해 쓰기란 매우 어렵다. 우리 모두는 새로운
것을 보길 원하며 작품을 올리는 기획자는 특히나 그렇다.
하지만 문제는 당신이 시도한다고 해서 독창적인 작품이
만들어지지 않는다는 점이다. 독창적인 작품을 만들려고
노력한다면, 그저 독창적인 작품을 만들려는 노력에 관한
작품이 될 것이다.

아마도 당신이 가장 쉽게 하는 것이 당신이 할 수 있는
가장 독창적인 것인가?

아니면 아마도 당신이 가장 쉽게 하는 것은 당신이 질문을
던져야 하는 습관인가?

독창성

당신 주위에 또 다른 무엇이 일어나고 있으며, 이전에
무엇이 일어났는가? 당신이 뛰어든 역사적 맥락은
무엇인가? 당신은 이것을 알 수 있는가, 그리고 여전히
작업할 수 있는가?

특히나 어떤 것을 만들어 내려고 너무 열망할 때 무엇을
만들어 낼 가능성은 적다.

이건 단지 작업일 뿐이다.

시야를 열어 두는 것뿐만 아니라 언제 닫아야 할지 아는
것도 도움이 된다.

결국 당신은 작업을 위해 바보 같은 짓을 감행할 텐데,
역사에 신경 쓰다가는 충분히 바보 같아지기 어려울
수 있다.

역사는 호시탐탐 당신을 넘겨본다.

당신이 만드는 것은 바보 같지 않을 것이다.

독창성

당신 자신의 역사는 무엇인가? 당신이 하고 싶은데 아직
실행하지 않은 무언가가 있는가? 혹시 그것에 대해
생각하는 것만으로 충분한가?

아니면 혹시 당신이 하고 싶지만 하면 안 된다고 생각하는
무언가가 있는가? 하면 안 된다고 느끼면서도 그쪽으로
발길이 향하면 무슨 일이 일어날 것인가?

때때로 우리가 필요한 것은 너무 가까워서 볼 수 없다.
그래서 우리는 모르는 것을 좋게 생각하고 아는 것을
과소평가한다. ('주제'와 '자기표현' 참조)

당신은 무엇을 알고 있나, 알고 있음을 잊었다는 것?
아마도 그것은 나에게 매우 새로울지도?

처음에 당신이 이것을 왜 시작했는지, 왜 춤을 추거나
공연하길 원했는지 생각해 보라. 아마도 실마리는 거기에,
다른 이의 수업과 공연에 묻혀 있을 것이다.

뮌헨 워크숍에서 듣길 "새로움은 오래된 것 없이 존재할
수 없다. 새로움은 이 둘 사이의 긴장감을 통해서만
생겨날 수 있다."

하이데 빌름, 탄츠베르크슈타트 오이로파 워크숍, 뮌헨, 2006년.

독창성

화가 필립 거스턴은 이렇게 말했다. "인간의 의식은
움직이되, 도약하지 않는다. 고작 1인치다. 1인치는 작은
점프지만, 그 점프는 전부나 다름없다. 그 거리를 움직일
수 있는지 알아보려면 당신은 앞뒤로 움직여 봐야 한다."

필립 거스턴, 「믿음, 희망 그리고 불가능」, 『아트뉴스 애뉴얼 XXXI 1966년』
(1965년), 153. 로버트 스토어, 『필립 거스턴』(뉴욕: 아베빌 프레스,
1986년), 99에서 재인용.

또한 그는 말했다. "나는 아직 내 것이 아니거나 너무 내 것인 것들을 전부 긁어낸다…"

어빙 샌들러, 「거스턴: 귀향」, 『아트뉴스』, 58호(1959년). 스토어, 『필립 거스턴』, 22에서 재인용.

패러독스

때로는 새로운 것을 하기 위해서 재창조가 아닌 재투자를 해야 한다.

하지만 때로는 새로운 것을 하기 위해서 당신은 모든 것에 질문해야 한다.

독창성

사회는 예술가를 전복자로 규정하곤 한다. 이해할 만하고 이따금 유용한 경향이다.

"동시대 퍼포먼스는 그 전통을 구축한 다음 확장해야 하는데, 이건 매우 어려운 일이다. 이는 창의성을 위반이나 도전이 수반되는 것으로 바라보는 방식과 연결된다."

에이드리언 히스필드, 임펄스탄츠 워크숍, 비엔나, 2008년.

동시대 퍼포먼스가 시작될 때 관객과 맺는 약속은 전통이 깨진 분야에서 우리가 공동의 토대를 어떻게 찾을 수 있는지를 설명해 준다.

가끔 워크숍에서 보면 전복하려는 충동이 너무 강해서 대상이 내놓아야 할 것이 드러나기도 전에 이의를 제기하는 듯이 느껴진다. 무언가 깨뜨리기 전에 좀 더 기다려 보면 어떨까? 그것은 스스로 무엇을 드러내고, 또 어떻게 당신의 선입견에 도전할 수 있을까?

때로는 명백한 것을 관찰하기란 유용하며, 때로는 그것을 전복하는 것도 유용하다. 당신이 명백한 것을 전복한다면, 이것은 습관에 의한 것인가 아니면 선택에 따른 것인가?

명백한 것을 전복하는 것은 동시대 예술의 한 기법이지만, 작업을 하는 유일한 방법은 결코 아니다.

('약속'과 '규칙 깨기' 참조)

독창성

내가 말을 건네자 그는 즐거운 퍼포먼스였다고 말했지만, 나에게 어떤 새로운 움직임을 발견한 시간은 아니었지 않느냐고 물었다. 그에게 어떻게 알려줄 수 있을까, 내가 새로운 움직임들에 흠뻑 빠져 있었음을, 그 작품에 수용된 것은 너무 오래되어서 시도하는 것조차 포기한 움직임들뿐이라는 사실을. 그의 말은 물론 맞다, 내가 버려야만 했던 필사적인 것들을 보지 않았을 뿐.

어쩌면 그는 내가 내버린 것을 좋아했을까?

('자포자기' 참조)

독창성

관객은 전에 보지 않았던 것을 보길 원하며, 그것을 볼 때 알아차리기를 원한다.

"놀라운 인식의 경험을 일으키는 일, 관람객이 알지만 알고 있다는 사실을 모르는 것을 보여 주는 일이 예술가의 역할이다." 작가 윌리엄 버로스의 말이다.

고트프리트 헬른바인의 작품에 관한 글, 『헬른바인 얼굴들』(취리히 : 에디션 슈템플, 1992년), 7.

테크닉 / 어깨 위의 앵무새 / 진정성 / 일상적 실천 / 춤추기 / 스타일 / 씨름하기

테크닉

당신은 하나 또는 그 이상의 신체 테크닉을 공부했거나, 공부하고 있을 수도 아닐 수도 있다. 뭐든 간에 우리 중 아무도 이쪽 방면에서의 성취에 만족하지 않는다. 춤 수업의 본질은 우리 능력을 향상시킬 수 있다는 끊임없는 믿음을 심어 주는 것이다. 개인적으로 나는 결국 향상되기도 전에 늙어 가고 있음을 깨닫고는 조금 속상했다.

향상될 것이 없다면 어떻게 해야 하나?

당신은 어떻게 움직이기를 원하는가?

어깨 위의 앵무새

우리 대부분은 춤출 때마다 어깨 위에서 귓속말로 소곤거리는 앵무새 한 마리가 있다. "넌 그거 못 해, 이건 네가 잘하는 게 아냐, 이 아이디어는 다른 사람 걸 훔친 거잖아, 이건 늘 하던 짓이야…" 앵무새를 조용히 시키는 것이 요령이다.

때때로 당신은 앵무새에게 귀 기울여야 한다.

적어도 이건 당신의 앵무새이다.

나는 안무가 마이클 웨이츠로부터 이 아이디어를
훔쳐 왔다.

진정성

훈련은 움직임을 만드는 '딱 맞는' 방법이 있다는 생각에
힘을 실어 준다. 여기서 한 걸음만 더 가면 우리가 이따금
빠지는, '실제성' 즉 진실된 가치를 움직임에 담아야
한다는 강박으로 이어진다.

만약 우리가 거짓말을 하면 무슨 일이 벌어질까?

"안무는 인위적으로 무대에 올린 행위"라고 안무가
그자비에 르 루아는 말했다.

이그제스 워크숍, 몽펠리에 국립안무센터, 2007년.

때로는 움직이는 '딱 맞는' 방법이 있다.

테크닉

당신이 움직이는 방법은 당신이 움직임에 대해 생각하는
방식에 영향을 준다.

일생 동안의 훈련으로 체득한 우리 안의 미적 화두들은
무엇이 가능한지 상상하는 우리의 능력을 펼치거나
제한하는 변수들을 창조해 낸다.

우리는 어떻게 이러한 신체적 축복을 고수하면서 때때로
우리의 상상력에 제동을 거는 경계로부터 자유로울
수 있을까?

일상적 실천

신체적으로 유연하고 협응된 상태를 유지하기 위해
요구되는 일상적 실천은 시간이 걸린다. 당신은 안무를
읽고, 생각하고, 계획하고, 행하는 데 이 시간을 쓰고
싶을지도 모른다. 하지만 당신이 이것을 서서히 놓아
버리면 움직이는 방법을 잃게 되고, 움직이는 법을 잃으면
당신이 안무하는 것도 바뀐다.

당신이 움직이는 방법은 당신이 움직임에 대해 생각하는
방식에 영향을 준다.

당신의 일상적 실천은 무엇인가?

당신은 어떻게 움직이기를 원하는가?

테크닉

무용수는 열심히 일하고 그들의 일에 잘 단련되어 있다.

당신이 지닌 테크닉은 유용하다. 당신이 그것에 집중하든 말든 간에 테크닉은 제 역할을 할 것이다.

테크닉은 당신이 필요한 일이 무엇이든 간에, 당신이 필요한 일을 하는 것이다.

관객은 숙련된 기량을 즐기지만, 하고 싶은 것을 하고, 잘 하는 사람이라면 누구든 숙련자로 보인다.

('기교' 참조)

테크닉

신체적 기술은 당신의 뇌 속에 패턴을 설정하고 그 패턴 쪽으로 몸을 잡아당길 것이다. 여기에서 벗어나는 자유는 이 패턴과 관련될 수밖에 없다.

"많은 직간접적 피드백 회로를 가지는 완전한 통합 체계로서 정보는 현재와 미래를 위해 계속 모아지며, 이는 신체 각 부분의 상태에 관한 것이다. 이 정보는 저장된 자세나 움직임 패턴이 충분히 가능한지 보기 위해서 종종 과거 움직임 활동과 비교된다."

J. 레슬리 크로, 「인간 움직임의 신경성 조절」, 『인간 움직임: 입문서』, 매리언 트루·토니 에버렛 엮음, 3판(런던: 처칠 리빙스턴, [1981년]1997년), 86.

새로운 패턴을 처음 배울 때 당신의 뇌는 복제할 유사한 기존 패턴을 찾는다. 첫째 날 새롭게 보였던 재료는 이상하게도 그다음 친숙해지고, 오래된 움직임의 유령이 거기 서식한다. 이는 매우 기발하지만, 때로는 좌절감을 준다.

춤추는 모든 행위는 당신의 몸이 생각하는 패턴과의 교섭이다.

테크닉

움직임을 붙잡고 있기란 매우 힘들다. 어떤 움직임도 정확하게 반복될 수 없으며, 우리가 하고 있는 것에 대한 감각은 변화하는 지각에 따라 계속 변형된다.

어쩌면 붙잡을 수 없다는 점은 유용한 특질일까?

우리는 움직임을 더 효율적으로 만드는 데 능숙하기
때문에 움직임은 사라지게 된다. 특별한 무언가를 보고,
며칠 후에 다시 보면 정확히 동일함에도 불구하고 갑자기
지극히 평범해 보인다. 무용수의 몸이 그것을 숙달해서
불가능성에서 기인했던 본래의 특별함이 평이함으로
대체된 것이다. 당신의 유목(流木)은 사포질되었다.

아니면 당신은 나무가 매끄럽길 원하는가? 아마 아주
성공적으로 작동할 것이다.

아니면 시작조차 못 하게 더 불가능하게 만들면
어찌 되는가?

('연속성' 참조)

테크닉

머스 커닝햄이 이렇게 말했다. "당신은 수없이 반복해서
완벽 또는 그와 가깝다고 생각하는 움직임을 어떻게
할 수 있는가? 어떻게 그 움직임을 다시 어색해지게 할
수 있을까? 그래서 당신이 처음부터 그 움직임을 다시
발견해야 하도록 말이다."

존 투사와 머스 커닝햄의 대화, BBC 라디오 3, 2003년 12월 7일.

나의 가장 소중한 보물 중 하나는 1957년 캐나다 국립
영화 위원회에서 촬영한 발란친의「아공」초연 출연진의
희귀 영상 해적판이다. 영상 속 음악은 약간 빠져 있고
무대도 군데군데 하얗게 바랬지만, 그 속에서 무용수들이
완전히 새로운 세상으로 자신을 비틀어 넣을 때 보이는
본래의 어색함이 살아 일렁인다. ('촬영' 참조)

테크닉

당신의 신체에 입력된 패턴은 없어지지 않을 것이다. 만약
당신이 그것을 깨부순다면 그것은 곧바로 다른 일련의
패턴으로 대체될 것이다. 바로 첫 번째 패턴을 깨부순 데
사용한 패턴으로 말이다. 그러곤 두 번째 패턴을 부숴야
하려면 세 번째 패턴, 또 그다음을 만들 것이다. 평생에
걸친 작업이지만, 이는 당신을 어디로 이끌 것인가?

질문은 이러하다: 당신은 신체가 생각하는 방식과 어떻게
친해질 수 있을까? 아마도 그제야 당신은 자유롭게
안무할 수 있을 것이다.

('습관' 참조)

춤추기

안무가 제롬 벨은 이렇게 말했다. "우리는 더 이상 어떠한 춤도 활용하지 않았지만, 안무적 영역은 활용했다." 「평행한 목소리들」 토크.

춤이란 개념과 당신은 어떤 관계인가? 처음에 당신을 춤추도록 이끈 그 특질은 무엇인가? 춤추기의 어떤 특질이 지금까지도 당신에게 유용한가?

안무를 춤추는 행위로부터 떼어 낼 방법은 무엇일까?

(세르조 레오네의 영화 「옛날 옛적 서부에서」 오프닝 참조)

스타일

우리가 채택한 테크닉을 교섭하는 하나의 방법은 우리만의 스타일 찾기를 꿈꾸는 것이다. 하지만 노력한다고 스타일을 만들 수는 없다. 이것은 이렇다 할 스타일이 없다는 뜻이 아니라, 오히려 스타일은 당신의 작업 방식과 공연 방식이 충돌할 때 생겨나는 무언가다. 제3의 것이 생겨난다. 항상 알아볼 수 있진 않지만.

최고의 스타일은 작업에서 생기는 기분 좋은 우연이다. 질문은 이러하다: 이것이 중요한가? 때때로 우리는 작업의 독창성을 입증하기 위한 방편으로 스타일을 찾는다. 하지만 일반적으로, 스타일은 그러한 것을 증명하지 않는다.

당신은 작업하는 스타일을 찾을 것이다.

생겨나는 스타일을 알아차리는 것이 유용할 수도 아닐 수도 있다.

('연속성' 참조)

춤추기

부지런히 공연하는 익숙한 움직임은 지켜보기 지루하다. '훌륭한' 춤추기는 무엇이고 언제 유용한가? 당신이 생각하는 '훌륭한' 춤추기를 그만둔다면 어떻게 될까?

춤추는 방법이 어쨌든 간에 당신은 춤을 출 수 있고, 또 춤을 출 것이다.

테크닉

우리는 춤에서 늘 정확한 외형을 원한다고 생각한다.

그림을 가까이서 볼 때면 외형이 정확하지 않으나 한 발짝 뒤로 물러서면, 거기에 정확성이 있다.

외형적 정확성에 대한 이 욕구를 버리고 더 큰 정확성이 드러날 거라고 믿는 데는 확신하는 과정이 필요하다.

테크닉

연습실은 우리를 당혹스럽게 하고 무너뜨리는 긴장감으로 종종 가득하다.

"오랜 시간 보통 때와 다른 집중력을 유지하려고 애쓰다 보면 오는 불편한 마음과 이 단계에서 형편없을 수밖에 없는 퍼포먼스는 높은 스트레스를 일으키고, 인내심을 유지하는 데 상당한 감정적 헌신이 소요된다."
로버트 A. 차먼, 「운동 학습」, 『인간 움직임 : 입문서』(런던: 처치 리빙스턴, 초판 1981년, 3판 1997년), 96.

운동 기술 학습은 감정적인 스트레스를 준다.

안무가는 이러한 스트레스를 최소화하기 위해 어떤 전략을 사용할 수 있을까? 작업 시간을 줄이면 도움이 되며, 달성할 수 있는 목표치를 설정하는 충분한 준비 역시 유용하다.

때때로 스트레스야말로 당신에게 필요한 것이다.

테크닉

안무하는 행위는 우리가 작업하고 있는 움직임을 외우는 행위와 긴밀하게 연결되어 있다. 우리가 무엇을 성취할 수 있고, 또 무엇을 할 수 없는지는 아이디어와 물리적 현실 간의 대화에 의해 제한된다.

"움직임을 한번 외우면, 감각 기억 흔적이 감각 피질에 구축되어 동일한 움직임 패턴을 재생산하기 위한 뇌 운동 시스템 가이드로 활용된다. (⋯) 숙련된 활동의 연속적 퍼포먼스는 감각 시스템뿐만 아니라 운동 조절 영역에 저장되는 활동에 대한 기억 흔적을 남긴다."

크로,「인간 움직임의 신경성 조절」, 85.

새로운 움직임 학습은 뇌의 감각 부분에서 시작된다. 감각적으로 가장 분명한 움직임이 가장 기억하기 쉬운 움직임이라는 점은 당연한 이치다. 당신이 박수 치는 법을 잊지 않는 것과 같다. 또 한편으로는 충분한 연습을 통해 아마도 당신은 거의 모든 것을 기억할 수 있다. 충분한 연습을 통해 패턴은 뇌의 운동 영역에 천천히 입력되고 대부분 오랜 시간 남는다.

움직임을 기억하는 작업은 더디다. 무용수에게 새로운 것을 시도하기를 요청할 때마다 우리는 그들이 학습하고 기억하는 과정을 방해한다. 우리는 어떻게 새로운 아이디어를 시도하는 능력을 극대화하면서 기억하는 과정에서 우리가 야기하는 방해를 최소화할 수 있을까?

결국 이것은 진행될 일이다.

작업이 되지 않는다면 그만두어라.

한편, 관객에게 기억될 만한 것은 무엇일까?

"그것은 당신이 기억하는 인위적인 순간이다." 케빈 볼런스가 들려준 작곡가 모턴 펠드먼의 말이다.

저자와의 대화, 1993년.

씨름하기

움직임과 씨름해도 좀처럼 뭔가 더해지지 않으면, 어쩔 수 없다. 다른 것을 원한다면, 이때는 다른 것을 시도하라.

다른 것은 항상 있다.

테크닉

테크닉은 때때로 안무에서도 유용하다.

테크닉

테크닉은 원본성에 있어서 다른 것과 별반 다르지 않다.

테크닉

테크닉은 의미에 있어서 다른 것과 별반 다르지 않다.

기교

기교

기교는 관객이 다음에 무엇이 일어날지 궁금하게 만드는 그저 또 하나의 방법일 뿐이다.

기교는 관객이 뭔가 잘못되고 있음을 알아차리는 곳에서 그 중요성이 높아진다. 관객은 참사를 무사히 넘기는 기교를 보는 것을 즐긴다. 무용수는 넘어질까, 혹은 하던 것을 잊어 버릴까, 아니면 이것을 헤쳐 나갈 것인가?

성패가 갈리는 순간 발생하는 기대는 시간을 멈추고 숨죽이게 한다. 위태로움 속에 천천히 흐르는 이러한 시간은 관객뿐만 아니라 공연자에게도 즐거운 순간이다.

하지만 만약 모든 것이 기교적이라면 읽어 낼 만한 기교가 없어진다. 기교는 다른 참여 방식과 균형을 이뤄야 한다.

('발레' 참조)

기교

리오 워크숍에서 말하길 "나는 기교를 다루듯이 강렬하게 더 단순한 것을 다루는 데 관심이 있다."

프레데리코 파레데스, 파노라마 페스티벌 워크숍, 리우데자네이루, 2005년.

시드니 워크숍에서 말하길 "내가 느끼기로는, 기교가 뛰어난 사람들은 보이는 것 이상의 무언가를 경험할 수 있다. 바깥에서 볼 때는 기교적이지만, 그들에게는 그것이 세상을 보는 관점이다."

리 윌슨, 스페이스 포 아이디어스 워크숍, 시드니, 2005년.

기교

단순한 것들은 때때로 기교적인 방식으로 축적된다.

기교

기교는 없어지지 않을 것이다. 우리는 그것을 너무 좋아한다.

기교는 많은 형태를 취한다.

세계를 지각하는 다른 방법들이 있다.

관객은 숙련된 기량을 즐기지만, 하고 싶은 것을 하고, 잘 하는 사람이라면 누구든 숙련자로 보인다.

당신의 흥미를 끄는 것은 무엇인가?

('테크닉' 참조)

쌓아 두기

당신이 발견하는 즉시 써 버려도 사용할 만한 다른
무언가는 늘 존재한다.

이는 훌륭한 결말을 만들 것이라고 생각하는 당신이
찾은 재료에서도 마찬가지이다. 당신이 맞을지도
모르고, 그건 좋은 결말을 만들 수도 있다. 하지만 솔직히
말하면, 결말에 이를 때까지 무슨 일이 일어날지 당신이
어떻게 아는가?

만약 당신이 지금까지 찾은 것을 고수한다면, 훨씬 더
좋은 것을 발견할 가능성을 스스로 차단하는 셈이다.

"아파리그라하(aparigraha, 무소유) 의례에 따라 요가
수행자는 가능한 한 검소한 삶을 살고 어떤 것에도 상실
또는 부재를 느끼지 않도록 정신을 수양한다. 그가 정말로
필요한 전부는 적당한 순간이 오면 그 앞에 스스로 나타날
것이다."
B. K. S. 이옝가르, 『요가의 발견』(디트로이트: 아쿠아리안 프레스,
[1966년]1991년), 35.

('결말' 참조)

쌓아 두기

적당한 정도면 지금으로선 충분하다.

시작

당신이 공연을 시작할 때 우리는 관객석에서 공연이 잘
작동하길 기대할 것이며, 잠시 동안 무엇이든 받아들일
것이다. 우리는 당신에게 주의를 기울인다.

문제는 잠시 후 우리가 다음에 무엇이 일어나는지 관심을
가질 것인가이다. 당신은 자신의 작품을 보았을 때
어땠는가? 4주 후에 다시 보았을 때는 어땠는가?

한 가지 사실은, 시작이 우리가 당신이 만든 것을 어떻게
볼지 알려주는 몇몇 단서를 줄 기회라는 점이다. ('약속'
참조) 아마도 가장 큰 단서는 당신이 무대 위로 걸어오는
순간에 있을 것이다. 당신은 그 순간에 우리에게 무엇을
말할 수 있는가? 공연에 대한 어떤 원칙 또는 생각이
그 순간에 담겨 있을까? 당신 공연을 보기에 딱 맞는
방법으로 앉아 있다고 나를 안심시켜 줄 수 있는가?

나의 동료 마테오와 나는 보통 처음과 마지막만을, 특히나
시작을 연습한다. 우리의 두 가지 아이디어는 이러하다.

우리는 마치 마테오네 부엌에 들어가는 것처럼 걸어
올라간다.

예기치 않게 비형식적인 형식적인 방법으로 걸어
올라간다.

우리가 제대로 할 때 관객은 종종 박수를 보낸다. 우리는
조정하기보다는 소통하려고 한다.

만약 당신이 원하는 바가 관객을 조정하는 것이라면
그것도 괜찮다.

시작

안무가 제롬 벨은 이렇게 말했다: "공연의 처음 7분은
공짜라서 관객은 무엇이든 받아들일 수 있습니다. (이후는
또 다른 문제이며 그들은 돈을 지불한 대가를 원합니다.)
그렇기에 이 첫 7분 동안 안무가로서 당신은 완전한
자유를 가집니다. 당신은 나머지 공연 동안 일반적이지
않은 방향으로 관객을 데려가기 위해 다른 어떤 것을
시도해 볼 수 있습니다. 7분이 지난 후에는 고함치기
시작하죠."

저자와의 이메일, 2009년.

쌓아 두기

결말에 대한 내 생각을 마지막까지 남겨 두는 것은 다소 뻔한 짓이어서, 그 대신 나는 다음 장에서 이 주제를 다룰 것이다.

나는 이 책이 어떻게 끝날지 모른다.

결말

딱 맞는 결말은 당신이 거의 알아차리지 못하지만, 거기에 다다랐을 때는 틀림없이 알아챌 수 있는 의심의 여지가 없어 보이는 결말이다.

때때로 하나 이상의 결말을 시도해 볼 가치가 있다.

결말은 중요하긴 하나, 단지 이전에 나왔던 모든 것의 일부일 뿐이다.

당신은 무엇이든 할 수 있으나, 그것은 딱 맞는 무언가여야만 한다.

좋은 결말은 관객으로부터 특별한 소리를 이끌어낸다. 당신도 관객석에 있으면 이 소리를 낼 테지만 아마 의식하지 못할지도 모른다. 그건 어떤 슬픔, 환호, 그리고 안도 모두가 담긴 많은 이들이 내쉬는 작은 숨소리들이 모여 일으키는 소리이다.

플롯을 잃지 않고 작품이 끝까지 갔다면 안심이다.

「둘 다 앉아 있는 듀엣」 초연 전에 우리는 리허설 감독과 함께 작업했는데 그녀는 우리에게 일주일 동안 매일 결말을 재창작하도록 했다. 결말이 여전히 적절하지 않다는 쪽지가 매일 되돌아왔다. 마지막 날은 쪽지가 오지 않았다. 우리가 "그런데 결말은 어땠어요?"라고 말하자, 그녀는 "아, 괜찮았어요"라고 답했다.

조나단 버로우스, 마테오 파지온과 클레어 가즈마크, 카이시어터 스튜디오, 브뤼쉘, 2002년.

계속하기 / 속도 맞추기

계속하기

당신이 찾고 있던 특질을 어느 정도 보여 주는 몇몇 움직임, 단어, 다른 재료를 발견했다. 당신은 그것을 얼마동안 유지하고 관객의 주의를 계속 사로잡을 수 있을까?

이것은 안무에 대한 또 다른 가능한 정의이다: "상황이 계속되게 하는 방법." ('변화율' 참조)

당신은 딱 맞는 다음 움직임을 만들어야 하나, 그걸 할 때는 그것이 중요하지 않다는 점에서 역설이다. 때로는 그것은 잘못되었을 때만 눈에 띈다. 때로는 딱 맞는 다음 움직임은 조각 그림처럼 딱 들어맞은 다음, 사라진다.

계속하기

가장 이상적인 안무는 안무가 필요 없다. 이러한 이상적 안무에서 하나는 다른 하나로 이어지고 모든 선택은 집중 그 자체에서 발생한다. ('원칙들' 참조)

안무는 당신이 방법을 찾지 못할 때 하는 것이다.

사람들은 연습하고 학습하고 수집하며 20년 넘는 세월을 기다린 첫 작품을 만드는 때를 맞고, 그 20년 동안 천천히 축적된 작업이 마구 쏟아져 나온다. 그러고는 성공을 거두고, 이듬해 두 달간 스튜디오를 제공받고, 20년이 걸려 했던 것을 두 달 내에 하려고 하지만, 방법을 찾지 못한다. 이때가 일반적으로 사람들이 안무에 대한 생각을 시작하는 시기이다.

하지만 한편으로 그들이 만든 첫 번째 작품, 축적되는 데 20년이 걸린 이 작품에는 이미 많은 비결들이 담겨 있다. 책, 음악, 영화, 공연 등 그들이 사랑한 모든 것들의 반향으로 채워졌으며, 테크닉으로 가득하다. 안무가가 눈 돌리기 딱 좋은 위치에 있는 것이다. 질문은 이러하다: 이와 관련하여 (그렇지 않더라도) 당신은 얼마나 많은 의식적인 테크닉이 필요한가, 그리고 그것을 어떻게 사용할 수 있는가?

계속하기

많은 이들이 안무 작품 만들기를 재료 발전시키기로 설명한다. 우리가 '재료 발전시키기'라는 표현을 사용할 때 무엇을 의미하는가?

재료를 발전시키는 것이 언제 유용할 것인가? 또는
당신이 그저 작업하고 아무것도 발전시키지 않으면
어떻게 되는가?

계속하기

5분의 안무는 안무를 거의 필요로 하지 않는다.

20분의 작품은 특유의 형태와 논리로 만들어진다. 20분은
춤 작품의 가장 일반적 길이로 사용되곤 했다. 춤 작품은
주시하기 힘들며 때론 20분이면 충분하다.

한 시간의 춤 작품은 또 다르다. 우리 모두는 한 시간의 춤
작품을 만들려고 노력하고 대부분은 실패한다.

한 시간의 작품은 최고의 안무를 필요로 한다.

한 시간의 작품은 저녁 공연 시간을 충족하는 최소한의
시간으로 보기 때문에, 이에 대한 시장의 강한 요구가
있다. 우리 대부분은 짧은 작품을 만들다가 하룻밤 꼬박
괴물과 맞붙어 싸우는 경험을 한다.

당신이 어떻게 작업하길 원하는가? 당신이 작업하기
원하는 방법을 시장의 요구에 어떻게 맞출 수 있는가?

('시장' 참조)

속도 맞추기

작품을 시작하는 속도는 그것을 이어가는 능력에 영향을 미칠 것이다.

너무 빠르게 시작한다면, 불가능하지 않지만 이어 가기가 힘들 수 있다.

천천히 시작한다면, 우리의 주목을 유지하는 강력한 재료가 필요할 것이다.

당신이 시작하는 속도는 오프닝 순간에 관객과 형성하는 약속의 중요한 부분이다. 관객은 펼쳐지는 작품의 의미를 처음의 추동력으로부터 발생한 에너지와 연관 지어 읽어 낸다.

('계속하기'와 '약속' 참조)

계속하기

새로운 작품을 시작할 때마다 내가 떠올리는 환상이 있다. "이 작품은 특별해, 두 시간짜리 작품이 될 거야." 하지만 매번 작품은 거의 정확히 45분을 채우고, 조용히 끝난다.

더브 레게 / 변화율 / 단순한 재료 / 자포자기

더브 레게

리 스크래치 페리는 더브 레게 한 곡을 프로듀싱하며 곡의 중간 어디쯤 단 하나의 플루트 음을 사용했다. 그 곡에 다른 플루트는 없으며 그 음은 다시 반복되지 않는다. 나는 그 곡을 수백 번 들었는데, 들을 때마다 다음과 같은 일들이 벌어진다. 먼저 그 음이 들리면 나는 이 곡에 플루트 음이 하나 있다는 사실을 까먹고 있었음을 깨닫는다. 그다음, 나는 웃는다. 예상을 뒤엎은 데서 나오는 웃음이다. 나는 웃고 난 후에도 매번 다시 웃는데, 그는 분명 내가 웃으리라는 사실을 알았을 것이다.

그 곡의 이름은 「버키 스캥크」이다.

업세터, 『버키 스캥크』, 리 스크래치 페리 프로듀싱, 싱글(런던: 트로이 레코드, 1973년).

변화율

작곡가 케빈 볼런스는 다음처럼 말했다.

"대상은 변화해야 할 뿐만 아니라, 그것이 변화하는 비율 역시 변화해야만 한다."

저자와의 대화, 1993년.

물론 이러한 격언에는 많은 예외들이 있다. 다시 플루트 음을 생각해 보라. ('더브 레게' 참조)

움직임을 만들기는 쉬우나 기억하고 완전히 익히기란 어렵다. 다가오는 마감일과 직면할 때 우리는 발견한 몇 개 안 되는 움직임을 반복하면서 작품의 시간을 채우는 경향을 보인다.

예를 들어, 당신이 최고의 움직임, 또는 재료를, 단 한번만 수행하면 어떻게 될까? ('단순한 재료' 참조)

변화율

무변화:

1 1 1 1 / 1 1 1 1 / 1 1 1 1 / 1 1 1 1

변화:

1 1 1 1 / 2 2 2 2 / 3 3 3 3 / 4 4 4 4

변화율의 변화:

1 1 1 1 1 1 1 / 2 2 2 / 3 / 4 4 4 4 4

무변화 역시 유용하다.

변화율

변화율은 계속하는 하나의 방법이다. ('계속하기' 참조)

우리가 채널을 돌리지 않도록 텔레비전에서 사용하는
편집 요령을 주시하라. 그러한 요령은 우리에게 너무
익숙해서 의식조차 하지 않는다.

변화율

변화율과 같은 아이디어는 의식적으로 작업하기 어려울
수 있다. 대신 당신이 만들었던 것들 중 주의를 끌지
않거나 보기에 지루해진 것을 분석하는 도구로 사용해
보라. 변화율을 주시하라. 어쩌면 어떤 재료를 너무 많이
사용한 것은 아닐까? 혹은 더 길게 이어 갈 수 있는 것을
너무 빨리 버린 것은 아닌가?

때로는 작은 변형이 모든 것을 바꾼다.

시도할 가치가 있다.

변화율

스티브 마틴이 공연하는 「그레이트 플라이디니」를 보라.
「자니 카슨의 투나잇 쇼」, NBC.

단순한 재료

최고의 재료를 현명하게 그리고 드문드문 사용한다면,
당신은 더욱더 단순한 것으로 어느 정도 계속할 수 있음을
발견할 것이다.

변화율

당신은 자포자기로 반복하고 있는가? 반복을 사용할 수
있는 더 나은 방법이 있는가? ('반복' 참조)

자포자기

자포자기해도 괜찮다.

정지와 정적 / 지루함에 대한 두려움

정지와 정적

정지와 정적은 어떠한 다른 재료만큼이나 강력하며,
그것들이 없다면 관객은 지쳐 버릴 것이다.

몇몇 공백을 만들어 보라.

그 공백의 길이를 두 배로 늘려 보라.

어쩌면 당신은 관객이 기진맥진한 상태에 처하기를
바라는가?

정지에 대한 우리의 인내심은 당신이 상상하는
것보다 많다.

정지와 정적

어떤 퍼포머는 정지하는 시간을 '느끼기를' 선호하고,
어떤 이들은 계산하기를 선호한다. 두 가지 방법 모두가
유효하며 각각은 다른 초점과 효과를 만든다.

공연하는 동안 시간에 대한 당신의 느낌은 신체에서
분출하는 아드레날린의 영향을 받는다. 이것이야말로

당신과 관객이 경험하는 시간의 직조물 속으로 정지를
꿰매어 넣는 데 당신이 이용하기를 원하는 바로
그것일지도 모른다.

혹은 당신은 계산에 따른 정지가 부여된 시간을
선호할지도 모른다. 경험하던 시간에서 벗어나 작품의
흐름에 대조와 신선함을 불러오는 멈춤은 그 현존감을
강화시킨다.

정지와 정적

케빈 볼런스는 그와 마테오 파지온이 쓴 「정지 콰르텟」의
음악에 대해 다음처럼 말했다: "우리는 단지 정지로서가
아닌 구조적 요소로서 정적으로 돌아갔다."

저자와의 대화, 1997년.

정지가 단순히 일시 정지일 때는 언제인가, 그리고 그것은
언제 또 다른 재료가 되는가?

재료로서 정지는 매우 강력할 수 있다.

지루함에 대한 두려움

지루함에 대한 두려움으로 인해 우리는 종종 계속
움직여야 한다는 지독한 강박에 시달린다.

당신이 가만히 멈춰 있을 때 일어날 수 있는 최악은 무엇인가?

지루함에 대한 두려움

지루함은 딱히 나쁜 경험이 아니며, 특히나 성과가 있는 경우 그러하다.

최소 그리고 최대

최소 그리고 최대

최소의 수단을 사용하여 최대의 효과를 만든다는 생각은
많은 문화권에서 일반적이다.

최대의 수단을 사용하여 최대의 효과를 만든다는 생각도
마찬가지로 일반적이다.

이러한 양극 사이에 많은 지점들이 있다. 규모가 큰
작품이 반드시 최대인 것은 아니며 더 작은 규모의 작품이
반드시 최소인 것도 아니다. 스펙터클은 규모와 상관없이
나올 수 있다.

당신이 작업하길 원하는 방법은 무엇인가?

('시장' 참조)

최소 그리고 최대

화가 바넷 뉴먼은 이렇게 말했다: "당신이 하나의 예술
작품에서 모든 것을 원한다면, 당신에게는 전부가 남는다."
모턴 펠드먼, 「다름슈타트 강의」, 186.

이것은 단지 선택일 뿐이다.

당신이 모든 것에 열려 있으려고 하면 무언가를 지향하기
어려울 수 있다.

혹은 당신에게는 모든 것이 필요한가?

유효한가? / 쇼잉 / 멘토링

유효한가?

좋든 싫든 간에, 당신이 만들고 있는 것이 유효한지
아닌지를 결정해야만 하는 한 번의 시점, 혹은 꽤 여러
번의 시점이 온다.

이것은, 물론, 주관적인 것이다.

그런데 당신의 관객 역시 주관적이다.

너무 빨리 판단하면 작품을 망쳐 버릴지도 모르지만, 너무
늦게 판단하면, 바꾸기에 너무 늦을지도 모른다.

당신이 해 온 것을 전체적으로 파악하기에 딱 맞는 시간은
언제일까? 또한 작품이 유효한지 아닌지를 당신은 어떻게
알 수 있는가?

유효한가?

당신이 해 온 것에 대해 당신은 정말로 어떻게
생각하는가?

친구와 함께 스크린으로 작품을 보라. 친구가 말하기 전에, 당신은 당신이 정말 어떻게 생각하는지 틀림없이 알 것이다.

때로는, 당신이 했다고 생각한 것을 잊을 때까지, 당신이 촬영한 것을 보기 전에 일주일을 기다리는 것이 제일 좋다.

당신이 해 온 것에 대해 부정적인 의문이 생긴다면, 그것을 어떻게 해결할 수 있을까?

유효한가?

때로는 작은 순서 이동이 많은 것을 변화시킬 수 있다. 때로는 공연에 대한 다른 방식의 생각이 모든 것을 바꿀 수 있다.

당신이 시도한 것과 시도하지 않았던 것에 대해 혼란스러워하지 않으려면, 한 번에 하나의 변화만 주고, 모든 면에서의 변화를 기록하라.

휴식을 취해라.

쇼잉

피드백을 동반한 쇼잉은 굉장히 일반적이다.

당신의 작품은 피드백을 받을 준비가 되었는가?

혹은 당신이 이미 작품을 선보였다면, 그것을 좋아한
사람은 얼마나 되었으며 너무 많은 질문을 한 사람은
얼마나 되었는가? 그것이 더 많은 관객들의 생각을
반영할 수 있을까? 당신이 한 것에 대해 당신은 어떤
질문을 가지는가?

반응이 부정적이라면 당신은 어떻게 하는가?

이것은 단지 바보 같은 춤일 뿐이다.

쇼잉

2년간 나는 솔로를 만들려고 노력했다. 나는 내 몸이 배운
모든 것을 하나의 영예로운 발로로 간추려 놓는 것에 대한
환상이 있었다. 그러한 시도 가운데 동일한 춤으로 만든
두 가지 버전의 안무가 있었다. 각각 45분 길이로, 하나는
즉흥된 것이고 다른 하나는 철저히 안무되었다. 나는
몇몇 사람들에게 이 춤들을 보여 주었는데, 많은 의견을
들을수록 오리무중에 빠졌다. 마침내 내 친구 크리사가
나를 옆으로 데리고 가더니 이렇게 말했다. "있잖아, 내가
그 솔로를 처음 봤을 때는 작품이 마치 너의 속마음을
플로어에 쏟아 낸 것 같았는데, 지금은 네가 안무를 해서,
마치 뜨개질로 깔끔한 도일리를 짠 것 같아."

크리사 파킨슨과의 대화, 2002년.

옥스퍼드 영어사전은 도일리(doily)를 "레이스 또는 종이로 만들어진 작은 장식용 덮개 혹은 받침"으로 정의한다.

『옥스퍼드 컴팩트 영어사전』(옥스퍼드 대학교 출판부, 2000년).

당신이 환상을 품는 무언가가 있어야만 한다.

멘토링

솔직히 우리 모두는 멘토링이 무엇인지 잘 모른다.

당신에게 멘토가 필요한가?

당신은 그들에게서 무엇이 필요한가?

당신은 그들이 당신을 도와주도록 어떻게 도와줄 수 있는가?

멘토링

때때로 최고의 멘토는 당신이 모르는 사이 이미 그 역할을 하고 있는 사람이다. 옆에 없을 때조차도 그들의 의견은 존재한다.

멘토링

당신의 멘토는 당신을 위해 당신 문제를 해결해 줄 수 없지만, 운이 좋다면 당신 스스로 문제를 해결하도록 도와줄 수 있을지도 모른다.

다른 몸 / 상태

다른 몸

스텝 또는 움직임보다 몸에 대해 경험하거나 생각하는
다른 방법들이 있다.

많은 춤 그리고 공연 실천가들이 다른, 아마 쉽게 규정할
수 없는, 접근과 전략을 기반으로 공연하는 몸과 관계를
구축한다.

여기에는 존재의 물리적, 정서적, 정신적 상태를
경험하거나 상상하는 작업들이 포함된다.

또한 사회적으로 그리고 정치적으로 동기 부여된 작업,
예를 들어, 젠더, 소수자 권리, 또는 특정 문화 쟁점을
다루는 작업.

또는 몸이 물리적 창작이 아닌 재현과 참조의 장소가
되는, 더 철학적으로 그리고 개념적으로 이끌어 낸 작품들.

이러한 각각의 몸은 시간, 공간, 연속성에 대한 저마다의
접근을 요구하며, 우리가 안무로 인식하는 어떤 것에
도달할 수 있다.

다른 몸

당신이 위와 같이 다른 신체성에서부터 작업할 때 이러한
재료를, 예를 들어 스텝과 같은 다른 움직임 재료를
배치하는 방법으로 배치할 수 있을까? 혹은 재료를
배치하는 과정은 재료 그 자체로서 동등한 정서적,
감각적, 철학적, 개념적, 지적 자료로부터, 또는 당신이
재료를 발견한 과정으로부터 나올 수 있는가? 아니면
다른 방법이 있는가?

당신은 어떤 방법으로 작업하고 있는가? 당신이 작업하길
원하는 방법은 무엇인가? 당신의 재료가 허락하는 작업
방법은 무엇인가?

상태

당신이 찾는 상태는 이미지인가 실제인가? 예를 들어, '내
몸은 투명하다'와 같은 이미지, 혹은 '나는 질문한다'와
같은 실제. 아니면 당신은 다른 종류의 상태를
찾고 있는가?

이러한 두 가지 충동, 이미지 또는 실제는 행위자에게
동일한 변화를 가져오는가? 관찰자에게는?

이것은 강렬한 움직임을 찾기에 관한 것인가, 아니면
움직임 이면의 의도에 관한 것인가?

혹은 이것이 신체성에 관한 것이 전혀 아니라면, 몸은
단지 그것의 일부일 뿐인가?

당신이 몸으로부터 원하는 것이 무엇인가? 그것은
당신에게 무엇을 줄 수 있는가?

다른 몸

"이 이야기 속, 그곳에서 춤추는 이 몸은 누구인가?"

마르셀라 레비, 파나마 페스티벌 워크숍, 리우데자네이루, 2005년.

리우에서의 워크숍 내내 이러한 생각은 몇 번이고
되돌아왔고, 우리가 보는 모든 것을 그 필터를 통해
생각했다.

다른 몸

「정지 콰르텟」을 보러 온 스티브 팩스턴은 우리에게
이렇게 말했다. "훌륭한 작품이네, 그런데 왜 더
에로틱하지 않은 거지?"

저자와의 대화, 1997년.

흐트러트리기 / 패러독스 / 안무 / 공연 / 전자 기타

흐트러트리기

"우리는 자잘한 세부들을 우리가 했던 것에 추가했어요,
정신을 흐트러트리고 '정신없는' 상황을 만들어서, 공연을
할 수 없을 정도로 바쁘게 만들었죠."

제인 매커넌, 엘리자베스 라이언, 엠마 손더스, 스페이스 포 아이디어스
워크숍, 크리티컬 패스, 시드니, 2005년.

위의 생각은 시드니에서 진행한 워크숍에서 나왔다.
우리는 모두 정신을 흩트리는 유사한 장치를 사용해서
스스로 짊어진 부담에서 벗어나 본 경험이 있었다. 모두
한두 번쯤은, 집중한 나머지 일에 압도당해 그만두는
선택을 한 적도 있고 말이다.

패러독스

때로는 춤에서 당신은 직감과 반대로 작업해야만 하며,
왼쪽에 도착하기 위해서는 오른쪽으로 가야만 한다.

때로는 공연에서 당신은 자신을 드러낼 수 있도록, 정신을
흩트리는 방법을 찾아야만 한다.

흐트러트리기

작가 페터 한트케는 이렇게 말했다: "내 작품에서 집중—
강력한 집중—은 보통 옳지 않다. 무언가를 성취하려면
나는 정신을 오락가락하게 해야만 하는 동시에 산란함
속에서 주의를 기울여야 한다. 이것은 일종의 자의식과의
게임이다. 일견 의식을 자유롭게 풀어놓았다가,
자유롭다고 생각할 때 갑자기 의식을 붙잡는 것이다."

페터 한드케, 『연필 이야기』, 필립 손 옮김(베를린: 주어캄프, 1985년), 171.

흐트러트리기

내가 충분히 할 수 있고, 하고 싶은 욕망을 어떻게
내려놓는가?

흐트러트리기

음악에 빠지는 것은 전통적 접근법이다.

협업의 순간에 빠지는 것은 또 다른 접근법이다. "당신은
거기에 있어야만 하고, 동시에 완전히 단념해야만 한다."
타악기 연주자 로빈 슐코브스키가 시간을 공유하는 순간
산란해진 자신을 묘사하며 한 말이다.

저자와의 대화, 1999년.

스코어를 읽는 것은 그 자체로 정신을 흐트러트린다.
('스코어' 참조)

수를 세는 것도 물론, 만트라처럼 정신을 흩트리고 자신을
자유롭게 한다.

존재의 상태는, 본래 재료이자 재료로부터 정신을
흐트러린다. ('상태' 참조)

흐트러트리기

모든 재료는 퍼포머가 모든 것에 책임감을 느끼지
않도록, 그들이 좀 더 자유롭게 직관적으로 공연할 수
있도록 퍼포머를 어느 정도 도와주어야 한다. 퍼포머가
순전히 스스로의 힘으로 전체 공연을 유지해 나가야 하면
진이 빠질 수 있기에, 재료는 이러한 과중한 부담에서
퍼포머를 풀어 주어야 한다. 퍼포머를 뒷받침하는 방법은
많다. 작품에 대한 강력한 원칙, 어떻게 공연될지에 대한
강력한 원칙, 작품에 접근하는 강력한 테크닉, 관객과
맺는 분명한 관계, 다른 퍼포머들과 맺는 분명한 관계,
강력한 텍스트 또는 스코어 등. 이러한 접근들은 모두
어느 정도씩은 퍼포머가 "나는 내가 할 일을 하는 중이고,
그 이상은 할 수 없어"라고 생각하게 해 준다. 이것은
자발적인 공연에서 강요되는 아이디어가 때로는 자발성을
거들어 줄 수 있다는 패러독스의 실례다.

안무가 주자네 링케는 다음과 같은 이야기를 들려주었다:
제롬 벨이 그녀의 슈베르트 솔로 「변화」(1978년)를
그의 작품 「마지막 퍼포먼스」(1998년)에 일부 인용하길
원했다. 그녀는 솔로 비디오테이프를 파리로 보내
퍼포머가 익히도록 했지만, 잘 진행되지가 않았다. 따라
하는 퍼포머들의 움직임이 신통치 않았다. 결국 주자네는
파리로 가서 지켜봤다. 그녀가 말하길, "아주 재미있었어.
박자를 세지 않고 있더라고."

주자네 링케와의 대화, 2002년.

엄청난, 언뜻 보기에 음악에 반응해 자발적으로
우러나오는 그녀의 절실한 힘을 우뚝 유지했던 토대는
계산된 시간이었던 것이다. 그들이 어떻게 알 수
있겠는가? ('흐트러트리기' 참조)

쉽게 고도로 감정을 유지했던 사람들의 모습을 가만히
떠올려보면, 도대체 그들이 어떻게 그렇게 했는지 내가
무슨 수로 알 수 있는가, 그리고 내가 알았는지 아닌지가
무슨 상관인가?

안무

이것은 안무에 대한 또 다른 가능한 정의이다: "안무는 퍼포머가 자유롭게 공연하기에 충분할 정도로, 일어나는 일에 대해 어떤 책임을 지는 공연을 구성하는 방식이다."

이때 질문은: 당신은 어느 정도의 안무가 필요한가?

패러독스

"나는 공연하고 있지 않다"야말로 공연하는 데에 쓸모 있는 최고의 전략일지 모른다.

혹은 어쩌면 "나는 공연하고 있다"는 공연하지 않기 위한 최고의 전략일지 모른다.

두 가지 전략은 당신이 하고 있는 것을 달리 인식하거나, 당신과 관객의 관계를 달리 인식하는 것과 관계가 있다. 습관이 되지만 않는다면 두 전략 모두 유용하다.

모든 것을 질문하라.

패러독스

우리는 대부분 다른 누군가의 춤을 보는 것보다 직접 춤추기를 선호한다.

이걸 기억하면 좋지만 정신이 번쩍 들기도 한다.

공연

'내가 움직이는 것을 좋아한다'는 점이 다른 이들에게 당신의 움직임을 보길 요청하는 꼭 좋은 이유는 아니다.

전자 기타

대부분 전자 기타리스트는 먼저 록 음악을 듣고 나서 기타를 산다.

대부분 무용수들은 먼저 수업을 듣고 나서 춤 공연을 보러 간다.

우리의 많은 문제는 이 패러독스에서 기인한다.

이것은 대단히 즐거운 패러독스이다.

예측 가능과 예측 불가능 / 기대

예측 가능과 예측 불가능

다시 케빈 볼런스: "예측 가능한 것은, 분명히 예측 가능할 뿐만 아니라 예측 불가능하다. 그리고 예측 불가능한 것은, 분명히 예측 불가능할 뿐만 아니라 예측 가능하다."

저자와의 대화, 1993년.

당신이 저것을 오래 생각해 본다면 그 의미를 이해할 것이다.

하지만 나는 저 말이 함축하는 바를 다소 잃을 위험을 무릅쓰고, 더 단순하게 말해 보겠다.

당신이 하고 있는 것이 예측 불가능하고, 그래서 예측 불가능한 상태에 놓인다고 기대하게 만들면, 결과적으로 나는 지루함을 느낄 수밖에 없다. 왜냐하면 나는 당신이 예측 불가능한 상태에 놓일 것을 알기 때문이다. 다시 말해, 당신은 하려던 것과 정반대를 성취한 셈이며, 사실상 예측이 가능하다.

예를 들어, 당신은 예측 불가능한 가운데 예측 가능한 무언가를 함으로써 일순간 나의 기대를 깨뜨릴 수 있다.

반대로 예측 가능하게끔 무언가를 준비해 놓으면, 무언가가 지속된다는 관객의 기대를 예측할 수 있고, 기대치 않았던 것으로 그 기대를 뒤엎음으로써 그것을 훨씬 더 흥미롭게 만들 수 있다.

이것이 공포 영화가 만들어지는 방법이다.

관객은 다음에 무엇이 일어나는지 신경 쓰길 원한다.

예측 가능과 예측 불가능

불꽃놀이가 어지러울수록 더욱더 거기에 빠져드는 당신 모습을 주시하라. 그런데 당신은 어떻든 간에 패턴을 찾고 있을 것이다.

기대

서사가 부재하는 가운데 우리에게 아무것도 주어지지 않은 순간을 가정해 보라. 그러면 여전히 관객들이 다음에 무엇이 일어날지 신경 쓸지 안 쓸지를 결정짓는 다른 요소들이 작동하기 시작한다.

관객은 할 일을 원한다: 그들은 어떤 간극을 메워 무슨 일이 일어나고 있는지 이해할 수 있기를 원한다. 모두를 분명히 보여 주는 것과 불분명한 지점을 모호하게 남겨두는 것 사이 어딘가의 단계에서, 한통속이 되어 공연을 이해하려는 당신과 관객의 대화가 이뤄진다. 이곳이야말로 기대가 충족되거나 뒤엎어지며 지붕이 떠나가는 환호성이 터지는 곳이다.

('더브 레게' 참조)

서사 / 발레 / 연속성

서사

나는 춤을 만들 때, 얼마나 구체적인지 또는 추상적인지와
상관없이, 서사적 특성이 펼쳐내는 예상하지 않았던
감각을 가끔씩 경험한다. 이러한 느낌은 종종 내가
작품을 만드는 동안이 아닌 공연의 순간에 몇몇 동떨어진
지점에서 발생하는데, 이는 움직임 논리와 인간
현전이 결합해 시작할 때는 존재하지 않았던 의미에
가까워질 때이다.

「조용한 춤」을 작업하는 첫날 나는 마테오에게 말했다.
"이것 봐, 이번에 왜 우리는 이런 서사적 연속성을
받아들이지 않고 작품이 완성될 때까지 기다려야 하는
거지? 왜 우리는 그것을 시도하고 작업하지 않는 거지?"
그는 말했다. "그야 바보 같은 생각이기 때문이지.
스토리가 없는데 넌 스토리가 있다고 스스로 속이고
있는 거야."
저자와의 대화, 1996년.

마테오는 작곡가이다.

('연속성' 참조)

144

서사

인간은 이야기를 좋아한다. 복잡한 이야기이더라도
당신이 원한다면, 아마 말할 수밖에 없을 것이다.

정말 기본적으로 우리는 춤을 볼 때 스스로에게 이야기를
들려준다.

이것은 꼭 나쁜 특성이라고 할 수 없다.

발레

모든 이들은 발레 속 이야기를 이해한다고 생각하지만,
스토리텔링이라는 행위에 쉽게 다다르는 문화 코드가
이러한 이해를 뒷받침해 주는 것이다.

발레

발레는 확실히 계속 인기를 끌고 있으며, 왜 그럴 수
있는지 얼마쯤 궁금증을 품고 있다.

문화 코드는 여기에 도움을 준다. 즉 부와 신분의
거울상을 부유한 관객에게 내세우는 것이다. 하지만
나아가 예술 형식 자체의 신체성을 살피고, 그것이 왜
우리의 주의를 계속해서 끄는지 생각해 볼 가치가 있다.
내가 짐작건대:

발레는 낙하할 상황에 놓인 춤이지만, 절대
낙하하지 않는다.

('기대'와 '실패' 참조)

발레

또한 일련의 기본자세와 스텝으로 구성된 발레는 뛰어난
연속성을 달성한다. 이것은 한편으로는 무한한 가능성을
시사하고, 다른 한편으로는 다음에 어디로 갈지에 대한
힌트를 관찰자에게 항상 제공한다. 관찰자는 마음을
끌어당기는, 기대와 결단 사이의 끊임없는 유희에 빠진다.
규칙은 이해하기 충분할 정도로 간단하나 계속 추측하게
만들 정도로 복잡하다. 발생하는 연속성은 하나의 언어에
근접하며, 이러한 언어로 우리가 이해하는 것이 무엇인지
명확히 설명할 수 없더라도 우리는 그것을 안다고
생각한다.

연속성

하나의 것이 다음의 것과 어떻게 연결되는가는 아마도
그것 자체만큼이나 중요하다. 인간으로서 우리가
찾으려고 하는 논리, 서사, 패턴 또는 주제는 이러한
관계의 통로 안에 놓여 있다. ('관계' 참조)

연속성

움직임의 일반적 논리 중 하나는 인과 과정으로 시퀀스를 연결하는 것이다. 각각의 움직임은 동작의 합리적인 연쇄에 반응하는 다음의 움직임을 촉발한다.

인과는 유용한 도구일 수 있다. 이것은 관찰자의 상상 속에서 앞으로 향하는 움직임의 흐름을 만들고, 동시에 우리가 시퀀스를 기억하거나 즉흥이 계속되도록 돕는 신체의 패턴을 만든다.

또한 인과는 습관화되고 보기에 예측 가능해질 수 있다.

인과는 언제 유용한 도구가 될 수 있으며 당신은 어떻게 더 생산적인 방법으로 이 도구를 사용할 수 있을까?

발레

윌리엄 포사이스는 그의 발레 무용수들을 라반의 정육면체 속에 두고 그들에게 신체 부위를 정육면체의 27개의 지점으로 뻗으며 즉흥하기를 요청하는 동시에 기본적으로 발레와 동일한 테크닉 동작을 이용할 수 있도록 했다. 결과적으로 움직임의 흐름은 여전히 발레같이 보였으나, 발레의 선형적 프레이즈는 새로운 연속성으로 대체되었으며, 이는 방을 알아볼 수 있게 그대로 두되 모든 가구를 재배치하는 것과 같았다.

전환은 연속성 안에서 일어나고, 이때 스타일의 전환이
발생한다.

물론, 스타일 자체가 전환되면 이제 그 자체의 전환이
쏟아지기 시작한다.

연속성

접촉 즉흥은 두 사람이 가볍게 접촉한 후, 양손으로
공을 굴리듯 어떤 신체 부위로든 둘이 연결된 지점을
움직여 간다는 원칙으로 이루어진다. 이는 움직임을
공유하며 언제든 자유롭게 넘어서는 마법 같은 스타일을
불러오면서도, 누구든 할 수 있는 보편적 신체적 감각에
입각하고 있다.

이것은 하나의 아이디어로 시작됐다.

연속성 / 분할적 작품 / 재료 / 여섯 가지 만들기 / 안무 / 흐름 / 관계

연속성

개별 움직임은 '재료'로서 정의될 수 있을까, 혹은
'재료'란 그것들을 함께 놓기 시작할 때 발생되는 것일까?

음악에서는 한 번 연주된 하나의 음표가 반드시 재료가
되지는 않는다.

이것을 언급하는 이유는 춤을 만들 때 재료가
발견되었고, 해야 할 일은 그것들을 조합하는 것뿐이라는
가정으로부터 많은 문제들이 발생할 수 있기 때문이다.

'함께 놓기'는 안무이고, 나머지는 그냥 춤추기이다.

그냥 춤추기도 충분하다. 그건 당신이 무엇을
원하느냐에 달렸다.

연속성

사물 간의 관계에서 발생하는 의미는 그것들의 개별
의미를 바꿀 수 있다.

가장 훌륭한 재료는 오직 딱 맞는 곳에서만 훌륭할 것이다.

분할적 작품

자르고 붙이기 기법은 종종 한 재료의 흐름과 이어지는 다른 재료의 흐름으로 구성됨으로써 각 아이디어 사이를 갑작스레 건너뛰는 매우 분할적인 작품을 낳곤 한다.

이건 매우 성공적인 작업 방법이 될 수 있지만, 작업을 하는 유일한 방법은 아니다.

당신의 작품은 어떤 방법으로 작업해야 하는가? 다른 방법으로 작업할 수 있는가?

당신이 따른 과정은 만들어진 연속성의 대부분을 결정할 것이고 이는 결과적으로는 관객이 작품을 읽는 방식에 영향을 미칠 것이다.

('자르고 붙이기' 참조)

재료

재료는 무엇을 하기를 원하는가?

재료가 당신에게 무엇을 하라고 말하는지 들으려면
다른 작업 방식만큼이나 집중, 통제, 그리고 세심함이
필요하다. 이 결과로 발생하는 것은 즉각적으로는 당신이
기대했던 것처럼 보이지 않을 수도 있지만, 시간이 지나면
대개 당신의 것처럼 느껴지기 시작할 것이다.

이건 당신의 것이다.

때로 재료는 당신보다 더 많이 알고 있다.

쉽게 오는 것을 받아들여라.

연속성

흥미로운 움직임을 찾기란 보람 없는 일이 될 수 있다.

하나의 스타일을 찾기란 보람 없는 일이 될 수 있다.

때로 가장 주목할 만한 스타일은 색다른 방식의
움직임에서가 아니라 아주 평범한 움직임들을 조합하는
방식에서 드러난다. 색다른 방식으로 구축된 평범한
움직임은 신체의 일상적인 패턴을 버리게 할 수 있다.
흥미로운 것의 대부분은 불가능한 것처럼 충돌하는
과제들을 교섭하려는 시도에서 만든 무용수들의 의도치
않은 행동으로부터 나온다.

신체가 스스로 매듭을 지었다가 풀어지기 위해 분투할 때, 연속성의 충돌에서 발생하는 우연적인 움직임들을 묘사하기 위하여 윌리엄 포사이스는 '잔여 움직임'이라는 표현을 사용한다.

어떤 무용수들은 이런 종류의 일을 즐기고 어떤 이들은 그렇지 않다.

('스타일' 참조)

연속성

나는 헨리에게 볼룸댄스 매뉴얼처럼 그의 발을 번호가 매겨진 일련의 상자들에 넣으며 천천히 걸어 달라고 요청했다. 그가 그것을 완전히 익히자 우리는 그의 발걸음 속도를 두 배로 늘렸고, 이전에 뻣뻣했던 것들은 흐르기 시작했다. 발걸음은 사라졌고, 그 위에 드러난 것은 노력에서 튀어나온 우연한 움직임이 포개지고 뒤틀린 춤이었다. 이것은 스타일처럼 보였지만 작업 중 우연히 발생한 것이었다. 이는 「정지 콰르텟」이라고 불리는 작업의 기반이 되었다. 또한 후에 우리가 마음대로 다룰 수 있는 하나의 스타일이 되었다.

헨리 몬테스, 「정지 콰르텟」(1996년).

여섯 가지 만들기

여섯 가지 움직임을 만들어 보라. 그리고 그것들을 딱
맞는 순서로 배치해 보라.

이것은 머스 커닝햄이 한 워크숍에서 준 지시문이다. 물론
그는 이상적인 안무를 다음과 같이 묘사한다: 딱 맞는
것들을 딱 맞는 순서로.

머스 커닝햄 워크숍, 에든버러 국제 페스티벌, 1979년.

안무

여기 안무의 또 다른 정의가 있다. 이번에는 안무가 리즈
애기스가 말하길 "안무는 딱 맞는 사람이, 딱 맞는 재료를,
딱 맞는 맥락에서 행하는 것이다."

바디서프 워크숍, 핀드혼, 스코틀랜드, 2006년.

그녀는 또한 "안무는 하나의 아이디어를 가지고 죽어라
고민하는 것이다"라고 말했다.

여섯 가지 만들기

여섯 가지 작은 사물을 찾아 딱 맞는 순서로 배치하여
설치해 보라. 하나의 아이디어를 추가해서 무슨 일이
벌어질지에 대한 우리의 기대를 깨부숴라.

이것은 당신이 얼마나 기발한지가 아니라 이것을
실행함으로써 얻는 형언하기 어려운 기쁨의 감각에
관한 것이다.

그것은 무엇인가?

여섯 가지 만들기

"패턴은 언제 패턴이 되는가?" 이것은 작곡가 모턴
펠드먼이 던졌던 질문이다.

모턴 펠드먼, 「손상된 대칭」, 『모턴 펠드먼 선집』, 128.

여섯 가지 만들기

여섯 가지 소리를 상상하고 스코어로 적어라. 각각의
소리를 위한 기호를 찾아라. 다음의 가능한 관계들
사이에서 이동하는 소리를 스코어로 적거나 그려라: 분리,
중첩 혹은 일치.

스코어를 다 쓸 때까지 소리나 구성을 연습하지 마라.
먼저 스코어를 쓴 후에 그것이 어떻게 들리는지 찾아라.

엘비스 프레슬리의 노래 길이로 만들어라.

수행해 보라.

('관계'와 '스코어' 참조)

흐름

흐름은 하나의 사건에서 다른 사건으로 가는 시도 속의
우연이다. 그것은 딱 맞는 순서로 딱 맞는 것들을 놓았을
때 발생 가능한 것이다.

그러나 만약 당신이 모든 것을 흘러가게 둔다면
우리에게는 흐름을 읽을 만한 대상이 없을 것이다.

('예측 가능과 예측 불가능' 참조)

연속성

흐름은 부드러운 움직임에 관한 것만은 아니다.

관계

연속성은 시간에서 하나의 것과 다음 것의 관계이다.

많은 다른 종류의 풍부한 관계들이 만들어질 수 있다.

관계 / 솔로, 듀오, 트리오, 콰르텟 / 아이디어

관계

춤의 가장 큰 강점 중 하나는 이것이다: 만약 당신이 서로 다른 춤을 추는 두 사람을 나란히 두면, 우리는 거의 언제나 둘 사이의 관계를 찾고, 심지어 그것을 즐길 것이다.

그러나 만약 사건들 사이에 발생하는 거의 모든 관계가 유효하다면, 왜 나는 내가 보고 있는 관계에 대해 관심을 가져야 할까?

어떤 관계들은 우리의 관심을 끈다.

관계

"그렇다, 모든 것은 항상 진행되고 있지만 당신은 짧은 시간 동안 그것을 가져갈 뿐이다."

톰 로든, 핫하우스 워크숍, 더 플레이스 극장, 런던, 2004년.

관계

당신은 두 사람과 작업할 때, 그들 사이에 일어나는 것을 '재료'로 생각할 수 있다.

두 가지를 나란히 두는 것만으로도 유효하다. 그건 당신이 무엇을 원하느냐에 달렸다.

혹은 당신이 찾을 수 있는 더 흥미로운 연결이 있을까?

솔로, 듀오, 트리오, 콰르텟

함께 작업하는 사람의 수는 당신이 내릴 수 있는 안무적 결정에 강력한 영향을 미친다. 이 숫자 게임은 추상적이지만 동시에 전부이기도 하다. 함께 작업하는 사람들은 당신의 가장 중요한 재료이다.

더 적은 수의 사람들과 함께할 때 가능한 영향과 관계는 무엇인가, 그리고 더 많을 때의 영향과 관계는 무엇인가?

무리는 언제 군중이 되는가, 그리고 그것은 무엇을 암시하는가?

더 작거나 더 큰 힘은 어떻게 다른 방식으로 관객과 연관될 수 있는가?

오로지 한두 사람과 작업하는 방식은 어떻게 당신의 주제를 형성하고 결정지을 수 있는가, 혹은 더 많은 사람들이 가능하게 해 주는 소통은 무엇인가?

나는 안무가 데버라 헤이에게 솔로를 만드는 방법을 말해 달라고 요청했다. "그건 속임수예요." 그녀가 답했다. "오, 그리고 정말 크게 생각해야만 해요."

저자와의 대화, 2008년.

사람이 더 많다고 해서 반드시 더 많은 일이 발생함을 의미하지는 않는다.

당신의 맥락이 견지하는 바는 무엇인가?

당신은 모든 것을 할 수 없다.

('시장' 참조)

아이디어

그렇게 많은 아이디어가 있진 않다. 하나를 찾는 데에는 시간이 어느 정도 걸리겠지만, 그건 기다릴 만한 가치가 있다.

때로는 찾은 후에야 그것이 아이디어라는 것을 깨닫기도 한다.

이건 모두 그저 작업일 뿐이다.

관계

마테오는 100개의 음표로 이루어진 다섯 개의 멜로디를 쓰고 나는 100개의 음표로 이루어진 다섯 개의 춤 프레이즈를 만들어 우리는 그것들을 합쳤다.

우리는 그 두 가지가 연결될 수 있는 섬세한 방법들을 만들어 내고, 리듬을 가지고 게임을 하며 전체 공연에 한 흐름의 형태와 호흡을 함께 담아냈다. 비디오로 그 공연을 시청하니 굉장해 보인다는 생각이 들었다. 하지만 불행하게도 그걸 본 관객들은 어떤 연결성도 알아보지 못했다.

6개월 후, 새로운 작품에 훔쳐 쓸 요량으로 오래된 자료들을 뒤지던 중 우리는 100 멜로디 듀엣 비디오를 찾아서 다시 한번 시청했다. 거기엔 아무것도 없었다. 눈에 보이는 연결성이라곤 더 이상 찾아볼 수 없었다. 모두 우리의 공상이었던 것이다. 우리가 하려던 일이 무엇인지 너무 잘 알고 있었기에 그것이 보인다고 스스로 속였던 것이다.

100개의 음표와 일부 팔 흔들기는 끝내 다른 공연으로 제 갈 길을 갔기에 우리의 노력이 완전히 헛수고는 아니었다.

무엇도 헛된 것은 없다.

관계 / 시간 / 리듬

관계

두 명의 무용수가 서로의 옆에 있다면, 이 경우에 당신은
그들이 어떤 관계를 갖길 원하는가?

때로는 명백한 것들을 주시하는 것이 유용하며 때로는
그것을 전복시키는 것이 유용하다. ('주제' 참조)

이 두 무용수는 같은 시간을 공유하는가, 혹은 그들은
각자의 시간을 지키는가? 시간을 공유할 때의 득은
무엇이고, 서로의 시간을 등한시할 때의 득은 무엇인가?

관객의 시간은 무엇인가?

어떤 관계도 없는 것은 또 다른 종류의 관계일 뿐이다.
이것 역시 하나의 선택이다.

시간

컨템포러리 댄스는 중력에 반응해 떨어지는 무게라는
관념에 항상 관심을 가져 왔다. 중력에 반응해 떨어지는
무게는 매우 특정한 속도감을 가진 매우 특정한 동작의
흐름을 만들어 낸다. 이러한 속도감은 당신의 관심을

끄는가? 당신의 관심을 끌 수 있도록 어떻게 할 수
있을까? 전개되는 행동의 속도감을 조절하는 어떤 다른
방식을 생각해 볼 수 있을까?

중력에 대한 컨템포러리 댄스의 관심은 일정 부분,
발레라는 반(反)중력 세계에 맞선 반발이다. 당신에게는
이것이 중요한가, 중요하지 않은가? 당신은 어떻게
움직이기를 원하는가?('발레' 참조)

시간

매우 까다로운 방식으로 일련의 제한된 가능성을
결합시킨 발레의 논리는 특정한 종류의 탈구된 시간을
설정한다. 아마도 이건 움직임의 결합 불가능성과,
이를 음악에 억지로 집어넣는 방식 사이에 발생하는
충돌로부터 왔을 것이다. 발레의 탈구된 시간은
관객들에게 꽤나 강한 흥미를 불러일으킨다.

튀튀와 타이즈를 입은 남자 역시 관객에게 강한 흥미를
불러일으키지만, 다른 이유에서 그렇다. ('발레' 참조)

시간

잘못된 시간의 틀로 움직임을 짜내는 것은 꽤나 마음을
사로잡는다. 무용수들은 난제를 교섭하려는 시도에
열중하고, 그들이 열중하기에 관객 역시 열중한다.

이건 단지 일깨우는 하나의 방식일 뿐이다.

시간

춤 동작은 시간과의 관계에 있어서 기민하다고 잘 알려져 있다. 신체는 대상을 보다 효율적으로 만드는 경향을 띤다. 그것들은 더 간결해진다. 아드레날린과 우리 자신의 변화하는 감각 인식은 시간의 세계에서 스스로 균형 잡는 능력에 영향을 미친다. 우리는 이 폭풍을 견디기 위하여 어떤 전략을 이용할 수 있을까? 그렇지 않으면 아마 느슨하게 날아가는 것이야말로 당신이 필요로 하는 것인가?('테크닉' 참조)

시간

자유롭게 춤추는 신체의 시간은 박동과 분리되어 서로 다른 속도와 흐름 사이에서 끊임없이 전환될 수 있는 다중적인 시간이다. 이건 하나의 선택이다. 하지만 전속력으로 추는 춤은 속도를 바꿀 수 없음을 고심해 볼 가치가 있다. 전속력으로 추는 춤은 모두 예측할 수 없어서 예측이 가능해지고 우리는 흥미를 잃는다. 이건 상당히 근사한 움직임일지라도 일어날 수 있는 일이다.

관객은 변화를 좋아한다.

('예측 가능과 예측 불가능' 참조)

시간

음악으로부터 분리되어 독립된 예술 형식임을 선언하려는
컨템포러리 댄스의 갈망은 시간 구성의 원리로서
박동을 버리게 했다. 이것은 괴상한 도착(倒錯)이자
즐거움이기도 하다. 대부분의 세상은 비트에
맞추어 춤춘다.

"비트 없이 춤추는 경향은 더 큰 규모의 작품을 만들라는
요청에서 비롯되기도 하는데, 이것은 전통적인 짧은
춤의 형식보다 확실히 더 많은 종류의 재료를 포함해야
하고, 종종 박동이 없는 더 연극적인 형식들을 이용한다."
뮌헨의 워크숍에서 언급된 말이다. ('계속하기' 참조)

크리스틴 추, 탄츠베르크슈타트 오이로파 워크숍, 뮌헨, 2006년.

시간

당신이 이동하는 속도는 당신이 만들 수 있는 움직임에
강한 영향을 미친다. 특히 박동에 맞추어 춤출 때, 신체는
각 비트의 고조와 정확도를 중심으로 스스로를 정렬하고
편성한다.

레게에 맞추어 춤추는 방식은 데스 메탈에 맞추어 춤추는
방식과 다를지도 모른다.

리듬

런던의 워크숍에서 말하길 "만약 당신이 리듬 없이
시작했다면, 그것을 포함시키기는 매우 어렵다."

질다 디크로, 핫하우스 워크숍, 더 플레이스 극장, 런던, 2004년.

재료가 리듬으로부터 나온다면 어떻게 되는가?

리듬이 재료로부터 나온다면 어떻게 되는가?

우리가 만들어 내는 리듬은 종종 명확해 보이지만, 다른
누군가에게는 명확하지 않을지도 모른다. 단순하게
축적된 단순한 리듬은 놀랍도록 흥미로울 수 있다.
('자기표현' 참조)

리듬

"리듬을 사용할 때 몸을 바닥으로 낮추기란 매우 어렵다."

안무가 셰인 샴부, 댄스 4, 노팅엄, 2005년.

당신이 사용하는 리듬은 당신이 만들 수 있는 움직임에
강한 영향을 미친다.

리듬

시드니의 워크숍에서 말하길 "춤을 볼 때 당신이 부르는 노래가 있다."

날리나 웨이트, 스페이스 포 아이디어 워크숍, 비평적 경로, 시드니, 2005년.

흔히들 춤을 출 때 부르는 노래가 있다.

시간

인간은 비트를 공유하기 좋아한다.

시간

「별거 아닌 강연」에서

> 우리는
> 현재에서
> 공연하려고
> 하지만, 당신은
> 인식이라는
> 과거와
> 기대라는
> 미래에도
> 살고 있으며,
> 그것은 우리의
> 변치 않는
> 동반자들이다.
>
> 우리는, 그
> 공간에서, 우리의
> 역사와
> 우리의 희망,
> 특히
> 근사한   한 끼의
> 식사와   차가운

맥주에 대한
희망이 있다.

우리와
오늘
이야기를 나눈
모든 사람들이
함께 있다.

우리와
*
오늘
이야기를   나눈
모든   사람들이
*
함께 있다.

이 작품은
처음 시작부터
끝
까지 계속되는 한
줄로
쓰였고
공연되고 있다.

그러나
우리가
공연을
시작   하자마자
시간은
요동치기
시작   한다.

먼저 오는 것은
다음에 벌어질 수
있는 것을
결정하고, 다음에
벌어지는
것은 이 전에
온 것을
변화시킨다.
시간이 흐르는 속도에 대한
우리의 지각은
어두워진 공간과
집행되는 집중의 상태에
의해 완전히 변화된다.

대상들은
속도를 내는 것처럼
보이거나,

그 반대로,
느려지는
                          것처럼 보인다.

구성은
하나의 생각
                          그리고 그

다음의 생각
사이의   틈
*
에서   발생하는
                          것이다.

의미는
대상들 사이에서
발생하고,   그들의
관계에
의해 달라진다.

흐름은
하나의 사건   에서
다른 사건   으로
넘어   가는
우연적
시도이다.
단지 흐르기만   하는
대상들

일지라도
우리는   그
흐름을
읽어낸다.
*
*
리듬
                        은
평야
에서의 고조된
집중   에
관한 것이다.
*

박동에   대해
생각   한다.
그러면   우리는
심박에 대해
떠올린다,
쿵 쿵
쿵 쿵
쿵 쿵

아니면
우리는   걷기를

떠올릴   수도
있다,
쿵 쿵
쿵 쿵

비트에 맞추어
춤출 때   우리의
신체는
쓰러지기   와
일어서기   사이에서
부드러운
조율을 통해 각
순간   의
고조   와
정확도를 중심으로 하여
스스로를
정렬   하고
편성한다.
*

비트에
맞추어   함께
춤출 때
우리는 보통
스스로를 표현하고

노력하기

　　　　　　　　　　보다는

표현　　　　　　　　의

장에서

스스로를 놓아 버리려고

한다.

대부분　　　　　　　의

세상은　　　　　　　비트에

맞추어　　　　　　　춤추기를

좋아한다. 대부분

　　　　　　　　　　의

세상은　　　　　　　비트에

맞추어　　　　　　　춤추기를

좋아한다.

*

*

저녁 공연의

두 번째 파트에서

당신은 우리가

춤추는 것을

볼지도 모른다,

아마도, 아주

조금.

*

우리가 춤출
때   당신이 보게 될
리듬은   당신이
들을
리듬   과
다르다.

우리가 말할
때,   아니면 큰 소리를 내며 걸을
때,   아니면 음악을 연주할
때   만들어 내는
리듬   보다
당신이   보게 될
리듬은   더
약하고   더
섬세하다.   그리고
이 두 가지의 균형을 맞추기   위해
우리가 할 수 있는,
최선의 힘을 다해,
노력해야 한다.
당신이
                     볼 때

복잡하게 보이는
것들은
들을   때는
단순해질   수도 있고,
당신이

                             들을 때

단순한 것들은
볼 때는
복잡해질
수도 있다.
우리는
이 두 종류의
리듬을
시각적 리듬과

청각적
리듬이라고 부른다.
이 두 리듬을
함께
배치한 것을
우리는 이렇게
부른다.

                        안무.

조나단 버로우스, 마테오 파지온, 「별거 아닌 강연」.

174

추상적 춤

추상적 춤

관객으로서 우리는 무용수나 라이브 퍼포머를 추상적 관념보다는 주관적 개체로서 인지하는 경향성을 띤다. 그러나 관객이 추상적이라고 명명할 특정한 종류의 춤 공연이 존재한다.

춤 공연에 이러한 추상적 특질을 부여하는 것은 무엇인가?

추상적 춤

이러한 추상적 특질은 우연히 발생할 수 있다. 때로 춤은 구체적인 주제를 가진다고 스스로를 속이기도 하지만, 추상 외에는 어떠한 주제도 찾지 못한다.

'추상'은 그것이 당신이 하고자 하는 것이기만 하다면 좋은 주제이다.

"추상적인 것을 할 때는, 추상적인 것을 해라." 안무가 에밀린 클레이드가 한 말이다. 이 말은 반드시 그것이 추상적일 거라는 의미는 아니다. 때로는 의식하여

추상적으로 작업하는 것이 다른 주제에 도달하는 최고의
방법이다.

워크숍 참여자, 탄츠 임 어거스트 워크숍, 베를린, 2007년.

실제로 무엇이 벌어지고 있는지 어떻게 인식할 수
있을까? 당신이 참조한 틀이 읽힐 수 있기를 원하는가?
그리고 누구에게? 어떻게 낡은 참조 틀에 도전하면서도
소통할 수 있을까? 만약 당신이 자신이 하는 것을 믿고
나머지는 우연에 맡겨 두면 어떤 일이 벌어질까?

혹은 당신 춤에서 이런 추상성 특질은 퍼포머들의 초점,
그리고 그들과 재료가 관객과 맺은 관계에서 오는가?
다른 어떤 초점 또는 관계가 가능할까, 그리고 그것은
어떻게 관객의 인지를 변화시킬 수 있을까? ('관객' 참조)

추상적 춤

"나는 그 모든 순수성에 신물이 났다! 이야기를 하고
싶었다." 이것은 화가 필립 거스턴이 왜 추상화 그리기를
멈추고 만화적 이미지를 그리기 시작했는지에 대한
언급이다. 말년의 변화는 그에게서 몇몇 친구를 앗아
갔지만 오랜 명성을 안겨 주었다.

스토어, 『필립 거스턴』, 52.

추상적 춤

추상적이든 구체적이든, 춤에서 소통 지점을 찾는 것은 쉽지 않다. 소통 지점은 도달했을 때는 자명해 보이지만 보통 더딘 시행착오의 결과이다.

다른 사람들의 작업을 보는 데에는 오해의 소지가 있는데 왜냐하면 우리는 의미의 느릿한 축적과 수정이 아니라 오직 딱 맞아 떨어지는 소통의 순간만을 보기 때문이다.

실제로 무엇이 벌어지고 있는지 어떻게 인식할 수 있을까?

추상적 춤

관객들은 의도적인 추상적 춤을 보길 좋아한다.

관객들은 타협하지 않는 작업을 좋아한다.

177

대위법 / 형식적 요소 / 차이

대위법

엄밀히 말해 대위법은 음악 용어이지만, 춤에서는 관계에
대해 이야기하는 경향이 있다.

관계는 인간을 고려하는 반면, 대위법은 마치 우리를
형식적 요소로 축약하는 듯이 느껴진다.

형식적 요소

형식적 요소들은 모든 종류의 예술 형식에 존재한다. 영화
편집을 생각해 보라. 영화 편집은 직관과 형식적 기법
사이의 균형이다. 실시간으로 촬영된 영화의 시퀀스들은
이야기의 긴장감을 고조시키고 기대감을 끌어내는 리듬과
추진력을 만들어 내기 위해 편집된다. 이런 기법들은
매체의 한계 속에서 발전했지만 적재적소에 사용되면
우리를 사로잡고 놀라게 하는 무한한 능력을 드러낸다.

잘만 해낸다면 형식적 요소들은 보다 즉흥적인 요소들과
균형을 이룬다. 잘 해내지 못한다면 형식적 요소들은
부지불식간에 주제가 되어 버릴지도 모른다.

혹은 당신이 원하는 것은 형식적 요소가 주제가
되는 것인가?

때로 형식적인 요소는 퍼포머를 소통하고자 하는
갈망으로부터, 관객을 소통되고자 하는 갈망으로부터
흐트러트림으로써 인간을 가장 잘 드러낼 수 있다.
('주제'와 '흐트러트리기' 참조)

대위법

대위법은 리듬을 공유함으로써 시간과 관계하여 당신의
위치를 파악하는 형식적인 방법이 될 수 있다.

"대위법이 가정하는 것은 부분들 간의 사랑이야." 작곡가
마테오 파지온이 나에게 한 말이다. 나는 항상 대위법을
충돌에 관한 것으로 가정해 왔다.

저자와의 대화, 2002년.

대위법

약간의 충돌은 나쁜 아이디어가 아니다.

차이

충돌은 차이에 관한 것이고, 관객은 차이를 좋아한다.

그러나, 모두 차이가 나면 모든 것이 동일해질 것이다.
('예측 가능과 예측 불가능' 참조)

이는 안무의 또 다른 가능한 정의를 제시한다: "안무는
차이를 발견하지만 여전히 플롯을 따라갈 수 있을 만한
재료 간의 가장 큰 차이를 찾는 것이다."

대위법

대위법은 사건들 사이의 시간과 공간에 대한 세밀한
연결을 적거나 인식하는 방법을 제공한다. 이것을
통달하기 위해선 단호함과 인내심이 필요하다. 어떤
무용수들은 이런 종류의 일을 즐기고 어떤 이들은
그렇지 않다.

대위법은 당신이 한 것을 다른 관점에서 관찰할 수 있는
순간적인 방법을 줄 수도 있다: 무엇이 언제 그리고
무엇에 반하여 벌어지고 있는지, 어떤 방식으로 그
연결성이 관람자가 지루해하지 않고 일어나는 일들을
따라가도록 도울 수 있을지, 혹은 그렇지 않을지.

그럼 바흐에 대해 생각해 보라—아니면 두 가지 다른
관점에서 말한 동일한 이야기가 하나의 더 풍부한
이야기로 결합되는 것을 생각해 보라—혹은 영화에서
화면이 분할된 순간을 떠올려 보거나—갑자기 다운

비트로 변경되거나 템포를 두 배 올린 듯이 보이는 비트와
모순되는 비트가 하나의 트랙에서 조합된 방식에 대해
생각해 보라.

무아지경의 행위.

고조된 집중.

스코어 / 스튜디오 / 즉흥

스코어

여러 가지 서로 다른 접근들이 '스코어'라는 단어 아래
묶여 버리는 경향이 있다. 이건 꽤나 혼란스러울 수 있다.
다른 가능성들을 이해하려는 시도는 당신에게 무엇이
필요한지 결정하는 데에 도움이 될 수도, 아닐 수도 있다.

스코어

스코어를 작성하는 아이디어에는 크게 두 가지 접근
방식이 있는 듯하다.

첫 번째 유형으로 작성된 것은 종국에 당신이 보거나
듣게 될, 선형적 시간 속 세부 사항을 담은 템플릿, 작품
그 자체의 재현이다. 클래식 음악 악보가 이런 방식으로
이루어진다.

다른 유형으로 작성되거나 숙고된 스코어는 당신이 보게
될 것의 원천으로 기능하는 정보, 이미지, 그리고 영감을
위한 도구이되, 최종적 실현과는 매우 상이한 형태가 될
수 있다.

이 두 접근 방식을 혼합할 수 있다.

182

두 가지 모두 구조를 만들 수 있고, 두 가지 모두 강한 이미지와 분위기, 그리고 빛깔을 만들 수 있다.

두 가지 모두 작품 창작 전에, 도중에, 또는 후에 작성될 수 있다.

스코어

스코어는 시간과 재료의 개요를 획득하는 하나의 방식이다. 이것은 구체적인 형태로 시간을 동결해, 실시간 경험에서 지각적으로 파악하기 어려운 것을 엿볼 수 있게 한다.

이것은 시간을 감각하고 조절하는 방식을 제공하여, 더 긴 기간에 걸쳐 재료의 관계를 관찰하고 전환시킬 수 있도록 한다.

스코어는 당신이 만들거나 하고 있는 일로부터 거리를 두도록 하는 의도적 방식이다. 이것은 창작자와 작업 사이, 그리고 창작자와 퍼포머 사이를 매개할 수 있다.

이것은 당신에게 더 객관적인 관점을 제시할 수 있다.

이것은 유용하거나 그렇지 않을 수도 있다.

스튜디오

춤 스튜디오는 집중하기 어려운 장소다. 특히나 당신이
할 일을 결정해 주기를 기다리는 사람들과 함께 작업하고
있다면 더욱 그렇다. 스코어는 당신이 일정 부분 이런
일을 생각할 여유가 더 많은 집에서, 혹은 사적인
공간에서 하는 방법을 찾는 데 도움을 줄 수 있다.

스코어

공연 중 낭독되는 스코어는 퍼포머와 관객 사이를
매개하는 데 도움을 줄 수 있다. 그러면 스코어는, 어떤
면에서는, 퍼포머의 개성이나 욕망으로부터 독립되어
작품 그 자체를 표현한다. 이것은 가끔 퍼포머를 지우고,
관객에게 그들이 보거나 들은 춤, 음악, 텍스트와 더
직접적이고 개인적인 관계를 맺도록 공간을 내어
주기도 한다.

스코어 낭독은 퍼포머의 정신을 흩트리는 역할도 해서,
몰두해 있는 스스로의 자의식과 두려움으로부터 퍼포머를
멀어지게 한다. ('흐트러트리기' 참조)

스코어

스코어로 작업하는 것이 당신에게 유용한가, 만약
그렇다면 그것이 당신에게 어떤 역할을 하길 원하는가?

스코어

스코어로 작업하는 모든 안무가는 자신만의 접근법을
개발한 듯 보인다.

스코어에 단순히 당신이 하고 있는 것들을 적어 내려갈
수도 있다. 이것은 당신이 이미 만든 재료들을 잊어버릴
걱정 없이 더 많이 만들어 낼 수 있을 정도로 재료를
기억하는 데 도움을 준다. 새로운 아이디어를 향해
나아가기 더 수월하도록 말이다. 당신의 마음은 이전 것을
붙잡고 있지 않기 때문이다.

스코어가 복잡해야만 하는 것은 아니다.

스코어

스코어 안에는 작업 이면의 원칙과 철학 또한 담을 수
있다. ('원칙들' 참조)

이것의 좋은 예시는 우연성 과정이다. ('우연성' 참조)

스코어

둘 혹은 세 사람이 공간을 가로질러 앞뒤로 걷는 스코어를
그려 보라.

옆쪽에 다른 속도의 걷기와 다른 길이의 정지를 표시하라.

사람들이 개별적으로, 겹치도록 혹은 동시에
움직이도록 해라.

변화율은 변화해야 하고 예측이 가능하기도,
불가능하기도 해야 한다.

엘비스 프레슬리의 노래 길이로 만들어라.

15분 동안 스코어를 그려 보라.

종이 위에 스코어를 작업하되, 연습하지 마라.

하루를 기다렸다가 그 스코어를 다른 그룹에게 주고
익혀서 수행하도록 해라.

두 가지 스코어를 동시에 혹은 겹쳐서 보기를 시도해 보라.

당신이 본 것에 대해 논의하라.

186

이것은 공연이 아니라 연습이다.

('변화율'과 '예측 가능과 예측 불가능' 참조)

스코어

셋 혹은 네 사람이 공간에 가만히 서 있는 스코어를
그려 보라.

그들이 서 있는 곳을 옮겨 봐라.

사람들이 개별적으로, 겹치도록 혹은 동시에
움직이도록 해라.

변화율은 변화해야 하고 예측이 가능하기도,
불가능하기도 해야 한다.

엘비스 프레슬리의 노래 길이로 만들어라.

15분 동안 스코어를 그려 보라.

종이 위에서 스코어를 작업하되, 연습하지 마라.

하루를 기다렸다가 그 스코어를 다른 그룹에게 주고
익혀서 수행하도록 해라.

이것은 앞의 연습과는 반대이다. 이전 연습의 주제는 걷기였고, 서 있기가 그 사이에 왔다. 이 연습의 주제는 정지이고 걷기가 그 사이에 온다.

당신이 본 것에 대해 논의하라.

스코어

3분 동안 눈을 감은 채로 가만히 앉아 있어라.

3분 동안 머릿속으로 춤을, 바로바로 넘어가며 추어라.

이미지가 아닌 움직임을 상상하라.

눈을 뜨고 머릿속으로 춘 춤을 써 내려가라. 5분 동안 적어 보라. 만약 모든 것을 기억할 수 없다면 기억하는 것만 적어 보라. 기억하는 순서대로 적어라.

다른 사람에게 그 스코어를 주고 익혀서 수행하도록 해라.

두 가지 스코어를 동시에 혹은 겹쳐서 보기를 시도해 보라.

퍼포머에게 다른 사람의 춤이 주어졌을 때 어떤 일이 발생하는가?

('흐트러트리기' 참조)

즉흥

위의 아이디어들로 즉흥을 하고 결과를 비교해 보라.

무엇이, 그리고 왜 당신의 관심을 끄는가?

사전에 공연을 계획하는 것은 어느 때 유용한가 그리고 순간에 선택을 맡기는 것은 어느 때 유용한가?

두 가지를 모두 실행하는 것이 생산적인 때도 있을까, 그리고 그것은 어떻게 작동하는가?

당신은 모든 것을 할 수는 없다.

스코어

나란히 있는 두 사람을 위한 스코어를 만들어라. 공간의 반대편에서 보이되, 가능한 한 작은 움직임을 만들어라.

전에 만들었던 것에서 가져온 여섯 개의 움직임을 출발 삼아, 줄이거나 변형시켜서 어떤 방법으로든 아주 작게 만들어라. 교대, 중첩 그리고 일치의 관계성을 이용해 이 재료로 아주 작은 듀엣을 만들어라.

적어도 한 번의 공통된 움직임의 순간, 한 번의 속도 변화 그리고 한 번의 다이내믹 변화를 포함시켜라.

변화율은 변화해야 하고 예측이 가능하기도, 불가능하기도 해야 한다.

엘비스 프레슬리의 노래 길이로 만들어라.

아무것도 적지 말고 당신이 할 수 있는 만큼 공연을 연습하고 완벽하게 하라.

보여 줘라.

움직임을 줄이면 다른 이에게 더 열심히 귀 기울이게 하여, 모든 것을 바꾸고 그 자체로 매우 특정한 주제가 된다.

부드러우면서도 빠르게 움직일 수 있음을, 느린 것이 냉철할지 모름을, 작은 것은 때로 소리 높여 이야기함을 기억하라.

스코어

당신이 스코어를 쓰거나 그리는 방식은 당신의 사고를 형성하는 일부가 될 것이다.

190

당신이 사용하는 종이는 당신의 사고를 형성하는 일부가
될 것이다.

가장 명백한 것을 하라.

스코어

만약 어떤 순간 스코어로는 제시되지 않는 무언가를
하려는 충동이 생긴다면, 그리고 그 아이디어가 떠나지
않는다면, 당신은 그것을 해야만 한다.

이것이 꼭 의무는 아니다: 대개는 스코어를 따르는 것으로
충분하다.

('독창성' 참조)

스코어

하나의 음표만을 사용하여 두 사람이 노래하는 악보를
써라. 이 음표의 길이, 색상 혹은 다이내믹은 변할 수 있다.

교대, 중첩 그리고 일치의 관계성을 이용하라.

변화율은 변화해야 하고 예측이 가능하기도,
불가능하기도 해야 한다.

엘비스 프레슬리의 노래 길이로 만들어라.

스코어에 쓴 대로 연습하라.

수행해 보라.

('관계' 참조)

소리로 작업하는 것은, 특히나 우리끼리 연구를 수행하는
중이라면, 구성 관계를 보다 명확하게 인지하는 하나의
방법이다. 우리는 상대방과 스스로의 소리를 동시에 들을
수 있는 반면, 두 사람의 움직임을 동시에 보고 그 관계를
감각하기는 더 어렵다.

위의 스코어는 마테오 파지온으로부터 빌려왔다.

스코어

한 단어와 박수만을 이용하여 두 사람을 위한
스코어를 써라.

교대, 중첩 그리고 일치의 관계성을 이용하라.

변화율은 변화해야 하고 예측이 가능하기도,
불가능하기도 해야 한다.

엘비스 프레슬리의 노래 길이로 만들어라.

스코어에 쓴 대로 연습하라.

수행해 보라.

스코어

무언가 말해지지 않은 하나의 사건을 묘사하는 짧은
글을 써라. 일어나지 않은 것의 관점에서만 써라—"비는
내리지 않았다, 그녀는 큰 모자를 쓰고 있지 않았다 등등."

생각은 했지만 단 한 번도 추지 않은 춤을 위해 당신이
작성한 스코어에서 아무 단어, 구절 혹은 단어의 일부분을
가져와서 반복과 리듬이 발생할 수 있게 그들을 배치하라.

위에 묘사된 두 텍스트를 자신의 버전으로 말하는 두
사람을 위한 스코어를 만들어라.

어떤 텍스트의 모든 혹은 어떤 부분을 어떤 순서로든,
교대, 중첩 그리고 일치의 관계성과 함께 이용하라.

적어도 한 번의 공통된 텍스트의 순간, 한 번의 속도 변화
그리고 한 번의 다이내믹 변화를 포함시켜라.

변화율은 변화해야 하고 예측이 가능하기도, 불가능하기도 해야 한다.

엘비스 프레슬리의 노래 길이로 만들어라.

당신이 쓴 대로 공연을 연습하라.

수행해 보라.

글로 작업하는 것은 우리에게 구체적이고 추상적인 의사소통 도구들이 가끔은 생각보다 가깝다는 것을, 그리고 우리가 어디에도 얽매일 필요가 없다는 것을 일깨워 준다.

위의 스코어는 2009년 더블린에서 진행한 워크숍에서 에이드리언 히스필드와 함께 만들었다.

('텍스트' 참조)

스코어

('여섯 가지 만들기' 참조)

줄리언 해밀턴은 이렇게 말했다. "때때로 공연이 끝나고 사람들이 '이건 즉흥이었나요?'라고 물으면 나는 이렇게 말해요. '음, 그때는 그랬죠, 하지만 지금은 정해졌어요.'"

저자와의 대화, 2009년.

우연성 / 빈손 / 움직임의 범주 / 제약 /
수고로운 작업 / 철학

우연성

우연성 방법론은 작곡가 존 케이지와 안무가 머스
커닝햄에 의해 개발되었다.

그들은 작업과 발견의 더딘 과정 속에서 이 아이디어에
도달했다.

그들의 초기 아이디어 중 하나는 '리듬 구조'라고 부르던,
그들이 음악과 춤으로 채우곤 했던 빈 마디의 시간 패턴을
공유하는 것이었다.

이는 동등하고, 동시에 창출되며, 유사한 원칙에 영향을
받음으로써 두 예술 형식이 한데 모아지는 새로운 방식을
그들에게 제공했다.

이것은 존 케이지의 「준비된 피아노를 위한 소나타와
간주곡」에 수록된 「소나타 4번」의 리듬 구조이다.

      3/3/2/2   3/3/2/2   3/3/2/2
      3/3/2/2   3/3/2/2   3/3/2/2
      3/3/2/2   3/3/2/2
      3/3/2/2   3/3/2/2

음악의 마디는 3/3/2/2의 프레이즈로 묶여 있고 그런 다음 프레이즈들이 묶여 더 큰 구획의 3/3/2/2를 이룬다. 케이지는 작은 형태가 더 큰 형태와 공명하는 이 구조를 '소-대우주 구조'라고 불렀다.

존 케이지의 리듬 구조는 제임스 프리쳇, 『존 케이지의 음악』(케임브리지: 케임브리지 대학교 출판부, 1993년), 22에서 인용.

동일한 구조를 공유하는 것이 유효함을 알게 된 그들은 그것을 두 가지 다른 구조, 즉 하나는 음악에 하나는 춤에, 각각 같은 지속 시간으로 시도했다.

이런 방식으로 그들은 섬세함 없이도 춤과 음악 사이의 연결이 진행될 수 있다는 점, 그럼에도 여전히 말이 되는 사건에 이른다는 사실을 깨달았다.

그건 춤과 음악의 임의적인 충돌이 아니었다.

우연성

우연성 과정으로 가는 걸음은 케이지와 커닝햄의 동양 철학에 관한 관심, 특히나 중국의 신탁서인 『주역』을 발견하면서 비롯되었다.

그들은 함께, 마치 신탁처럼, 주사위나 동전을 던져 결정을 내릴 수도 있다는 생각으로 비약했다.

그러나 이런 결정들의 결과는 애초에 딱 맞는 질문을 던지는 그들에게 달려 있었다.

애초에 딱 맞는 질문을 던지기란 다른 모든 과정들만큼 많은 노력이 필요하다.

빈손

우연성 과정은 빈손으로 작업하는 한 방법이다. 너무 손을 꽉 움켜쥐어서 당신이 만들려는 것이 부서지지 않도록 말이다.

꽉 쥔 손을 푸는 다른 방법들도 있다.

여기에 안무의 다른 정의가 있다. "안무는 죽어라 짜내지 않고 그저 일어나는 일들을 이끌 정도로만 붙잡고 있는 것이다."

빈손

존 케이지 : "당신이 작업할 때 스튜디오 안에는 모두가 있다. 과거, 당신의 친구들, 예술 세계, 그리고 무엇보다 당신의 아이디어까지 모조리 다. 그러나 당신이 그림을 그려 나갈수록 그들은 하나씩 떠나기 시작하고, 당신은

완벽하게 혼자 남는다. 그런 다음, 만약 운이 좋으면, 당신도 떠난다."

스토어, 『필립 거스턴』, 62에서 재인용.

움직임의 범주

케이지와 커닝햄이 사용했던 원칙 하나는 그들이 '범주'(gamut)라고 부른, 재료들의 모음을 적고, 이로부터 우연성 과정을 이용하여 그중 어떤 것을 언제 사용할지 결정하면서 작품을 창작해 나가는 것이었다. 예컨대, 케이지에게 범주는 음표나 짧은 화성 그리고 리듬 패턴으로, 커닝햄에게는 형태, 움직임 혹은 프레이즈의 목록으로 구성될 수 있었다.

우연성

케이지와 커닝햄이 사용한 우연성 과정은 가능성을 지닌 모든 영역에 제약을 두기도 한다. 춤의 경우 다음을 포함할 수 있다: 누가 무엇을 하는지, 어디로 가는지, 언제, 어떤 방향을 보는지, 어떤 높이인지, 어떤 속도로 가는지 그리고 누구와 접촉하는지.

이것은 수고로운 과정이다.

어떤 이들은 이런 종류의 일을 좋아한다.

제약

선택의 여지에 제약을 두면 매우 자유로워질 수 있다.

제약이 심할 수도 있다.

당신은 얼마나 많은 선택을 다룰 수 있는가?

수고로운 작업

아마도 최선은, 이 일이 종국에는 보람이 있을지 없을지 추측하기에 앞서, 당신이 얼마나 많은 수고로움을 감내할지 스스로 한도를 두는 것이다.

작업하기에 더 쉬운 방식이 있는가?

우연성

우연성 과정에서 당신이 가진 모든 것을 더할 때, 충분히 해낼 수 있고 최선을 다할 수 있도록 선택하고 구조화하는 작업 철학, 그것이 안무이다.

또한 우연성 과정은 이제 어떤 측면에서 느껴지는 질감, 그 생기 넘치는 장을 만든다.

선택하는 데에 도움이 되는 과정을 설정하고 손을 비우는 다른 방식들도 있다.

혹은 당신의 손이 꽉 차 있다면 어떤 일이 벌어질까?

당신에게 가장 명징한 작업 철학은 무엇일까?

철학

당신의 작업 철학은, 작업 방식에 체화된 채, 신체를 통해 그대로 전해질 것이다.

당신이 철학을 원하든 원하지 않든 상관없다.

장소 혹은 공간?

장소 혹은 공간?

무용수는 가장 넓은 무대도 아주 짧은 시간 안에 가로질러 갈 수 있다.

훌륭한 퍼포머의 춤을 볼 땐 그들이 선택만 하면 무엇이든 할 수 있다는 인상을 받는다.

그러나 만약 당신이 어디든 갈 수 있다면, 우리가 당신이 어디로 가는지에 어떻게 관심을 갖게 만들 수 있는가?

장소 혹은 공간?

철학자 수전 랭어는 이렇게 말했다: "춤의 환영은 무엇보다도 가상의 힘의 영역에 있다. 실제로, 물리적으로 가해지는 힘은 아니지만, 가상의 몸짓이 창조해 내는 영향력과 행위성이 출현한다."

랭어, 『감정과 형식』, 175.

춤의 공간도 이런 가상적 특성과 힘 같은 무언가를 가지고 있다. 무대의 확대경 안에서 사람의 배치나 변화는 심지어 말하고자 하는 것이 없을 때조차도 서사나 정서적인 힘에 다가갈 수 있다. 무용수는 무대의 작은 공간을 무한하게

만들 수 있다. 그것을 보는 우리의 신체는 우리가
지각했다고 덧없이 믿어 버리는 자유로움에 공감하는
반응을 하게 된다.

('서사'와 '자기표현' 참조)

장소 혹은 공간?

안무가 필리프 게마허에게 작업할 때 하던 것이
무엇이냐고 묻자, 그는 다음과 같은 질문으로 나에게
답했다. "당신이 무대를 가로지를 때, 그것은 장소였나요
아니면 공간이었나요?"

저자와의 대화, 2006년.

('관계' 참조)

장소 혹은 공간?

모든 발걸음은 하나의 장소에 도달한다.

만약 당신이 어디에 있는지 신경을 쓴다면, 우리 역시
신경을 쓸 것이다.

관객 / 정면을 바라보기 / 대립 / 유머 / 실패

관객

관객과 맺을 수 있는 가능한 관계에는 여러 가지가 있다.
당신이 어떻게 보거나 보이고 싶은지에 대해 생각해
보면 애초에 당신이 왜 공연하고 싶었는지를 명확히
하는 데 도움이 될 수 있다. 이건 당연시하지 않을 만한
가치가 있다.

솔직해져 보자. 우리가 관객에 대해 이야기할 때 우리는
스스로에 대해 이야기하는 것이다. 나는 종종 관객의
일원이기에, 내가 관객에 대해 생각하거나 말하는 어떤
것이든 나를 잠재적인 관객으로 포함시켜야만 한다. 나는
까다롭게 굴 수 있고, 가르침 받는 것을 싫어한다.

나는 때때로 순전히 눈앞에서 펼쳐지는 힘들에 의해
좌석으로 밀어붙여져, 입을 떡 벌리고, 머릿속이 텅
비워지는 것을 좋아한다. 바로크 교회가 그렇고,
피나 바우슈의 공연들 그리고 폭발력을 수반하는
것들이 그렇다.

반면에, 나는 초대받고, 합류해서, 생각에 잠기는 것을
때로 더 좋아하기도 한다.

관객과의 관계는 순환적이다. 내가 관객에게 어떻게 앉을지 힌트를 주면, 반대로 그들은 내가 긴장을 풀고 하려는 일에 최선을 다할 수 있게 해 준다. 때로 이런 순간이 느리게 오기도 하고, 때로는 드물고, 어느 누구도 통제할 수 없기에 찾아오지 않기도 한다. 이럴 때 만약 당신이 아무 문제도 없는 척을 하면 관객들은 당신에게 고마워할 것이다. 이는 관객들이 일어나는 일들을 좀 더 편하게 느끼게 해 준다. ('약속' 참조)

물론, 공연 무대의 비현실적인 상황을 비범한 것이 되도록 이용하는 것도 가능하다. 이건 공연을 하거나 보는 가장 큰 즐거움 중 하나이기도 하다. 의심을 유예하도록 초대받는 것. 그러나 때로는 평범함을 택하는 것도 마찬가지로 동등하게 유효하고 가치 있다. 관객은 저 위에 있는 자신을 보고 싶어 한다. 그것은 마술을 목격하는 것과 마찬가지로 즐거운 일이다.

('약속' 참조)

정면을 바라보기

우리는 방위와 사각 공간 사이에서 끊임없이 교섭하며 방향을 생각한다. 우리가 있는 공간, 그리고 관람하는 사람들과 연관해 우리가 자신의 방향을 파악할 수 있는 다른 방법이 있을까?

관객들은 보통 당신 앞에 있고 그들을 마주보는 것은
하나의 가능성이다. 그러나 이건 유일한 선택지가 아니며,
소통을 보장하지도 않는다.

연출가 얀 리체마는 이렇게 말했다. "아시죠. 만약 당신이
우리를 등지고 돌아서서 멀찍이 춤을 출 용기가 있다면
우리는 흔쾌히 당신을 따를 겁니다."

저자와의 대화, 2001년.

대립

관객을 만나는 또 다른 방법은 그들과 대립하는 것이다.

많은 공연들이 의도적으로 또는 비의도적으로 군중과
일종의 대결 구도 쪽으로 바뀌고 있다.

관객과 대립하는 것은 언제 유용할 수 있고, 대립이
이루어질 때 무엇이 발생하는지를 어떻게 가장 잘 이해할
수 있으며, 그 이유는 무엇인가?

가장 강렬한 대립은 그 목적을 조심스럽게 의식한다.

이것은 정면을 바라보기가 그렇듯, 소통을
보장하지는 않는다.

웃음은 관객으로부터 끌어낼 수 있는 가장 명백한 즐거운
반응이다. 틀림없이 그렇다. 그러나 이미 눈치챘겠지만,
인간은 필연적으로 의미를 찾기에 춤 관객은 유머러스한
모든 것을 그냥 지나치지 않을 것이다. 이건 축복이자
저주이다.

퍼포머에게 어려운 점은 웃음이 진정됐을 때 어떤 일이
벌어질지 가늠하는 것이다. 관객은 여전히 당신과
함께인가 혹은 아닌가?

작가 에이드리언 히스필드는 이렇게 말했다. "유머를
허용함과 동시에 그 기저에는 진지한 문제가 깔려 있음을
알려주는 균형점을 찾는 것이 중요하다."
저자와의 대화, 2006년.

관건은, 웃음 뒤에, 당신이 과감히 관객을 떠나갈 수
있는지 그리고 돌아왔을 때 그들이 여전히 거기에 있을
거라고 믿을 수 있는지 여부에 있다.

그들은 당신이 떠나가기를 바란다. 그들은 공간이
필요하다. ('대립' 참조)

유머

화가 필립 거스턴은 자신의 그림에 대한 뜻밖의 반응을 이렇게 생각한다. "내가 그림을 선보일 때 사람들이 웃으면 난 늘 웃음이 무엇인지 궁금해진다. 나는 보들레르의 정의가 여전히 유효하다고 생각하는데, 이것은 두 가지 상반되는 감정의 충돌이다."

스토어, 『필립 거스턴』, 54.

"웃음은 이중적이거나 모순된 감정의 표현이다. 그것이 경련이 발생하는 이유다."

샤를 보들레르, 「웃음의 본질에 대하여」, 『근대 생활의 화가 그리고 다른 에세이들』, 조너선 메인 편역(보스턴: 다 카포 프레스, 1986), 156.

춤 공연의 웃음은 언어의 부재에서 발생하는 긴장감과 움켜쥘 수 있는 모든 것들에서 오는 해방감 사이의 충돌에서 탄생하는 상반된 것이다.

어떤 춤 작품들이 재밌더라도, 반드시 웃음으로 입증되지는 않는다.

실패

흔히 이것은 우리를 흥미진진하게 만들려고 당신이 하는 시도이다. 가끔씩 일어나는 당신의 실패는 그저 이러한 목표에 대한 기대치를 높일 뿐이다.

"우리는 '문제를 주제의 수준으로 끌어올리기'라고
말해요." 이것은 연극 연출가 팀 에첼스의 생각이다.
「평행한 목소리들」 토크.

당신이 실패하고 있음을 스스로 알고 관객도 그걸 알고
있다면, 그들은 실패를 좋아한다. 이는 인간의 인정과
공감 행위를 불러온다. 반대로, 만약 당신이 자신의
실패가 불편하다면 우리도 불편함을 느낄 것이다.

혹은 불편함은 당신이 하는 일의 중요한 부분인가?

때로는 실패가 허용된다는 전제하에 시작한다면, 그것은
사실 당신이 성공하도록 돕기도 한다. 이는 공연의 또
다른 역설이다. 잘못될 수도 있음을 허용함으로써 그것을
수용하고 극복하는 것이다.

'실수란 없다'는 유용한 시작점이다. 이것은 당신이
실수할 것임을 의미하지는 않는다.

혹은: "만약 당신이 자의식을 느낀다면 자의식을
느끼도록 스스로를 허용하라." 새로운 옷 한 벌을 멋지게
차려입는 대신에 자의식을 받아들이는 것이다. 물론 나는
무섭다, 저 밖에는 2백 명의 사람들이 있고 내 몸에는
아드레날린이 솟구친다.

('원칙들', '기교', '발레', '정면을 바라보기' 참조)

관객

작곡가 크리스천 울프가 쓴 다음 원칙에는 관객과 퍼포머
모두를 똑같이 해방시키는 섬세한 목적이 있다.

— 구성은 퍼포머의 자유와 존엄을 가능하게 해야만 한다.
— 집중과 분산 모두를 용인해야 한다.
— 소리나 소음이 없는 것이 다른 어떤 소리나
  소음보다 낫다.
— 청자는 연주자만큼 자유로워야 한다.

크리스천 울프, 『오디오 문화: 근대 음악 읽기』, 크리스토프 콕스,
대니얼 워너 엮음(뉴욕: 컨티넘, 2004년), 163에서 재인용.

관객

집중과 분산 모두를 용인해야 한다.

관객

「별거 아닌 강연」에서

관객이 않는
방식   은
우리가 앉아야
하는 방식이다.
신이시여   그들이
우리가 스스로를
무적이라고 여기게   끔
허하게 하여 주시고,

우리가 아낌없이
열정적인
폭력을 행사한
맨 앞줄의
부르주아를 축복하여 주시옵소서.

이것   은
그들이 좋아하지 않았던
우리의
쇼의
마지막에
붙잡혀

박수를
쳐야만 했던
모든 사람을   위한
것이다,

미안하다
그건
끔찍했을 것이다   미안
하다,   그건
끔찍했을 것이다

시간이
너무   천천히,
너무
천천히,
흘러가는 것은
그건
*
                                끔찍했을
것이다.
시간이
너무
*
천천히
흘러가는 것은

*

*

          미안

하다,

그것은

끔찍했을 것이다.

*

*

*

그리고

당신이 눈을 감을 때마다

더 잘 보아야겠다고

생각하게 만드는

어떤 일들이 일어났다,

그리고 당신은 다시 보았   고,

아무 일도 일어나지 않았다.

당신이 우리를

싫어하게 되어 버린

상황은,

특히

몇몇 사람들이

이것을 좋아하며

열렬히 박수를 쳤기에,

당신도 예의를

차리기 위해

약간의

박수를 쳐야 했는데, 이것은

당신이

싫어하게 만들었다.

　　　　　　　　　모든 이를.

조나단 버로우스, 마테오 파지온, 「별거 아닌 강연」.

공연 / 원칙들

공연

'공연'이라는 단어를 사용할 때 그것은 무엇을
의미하는가, 그리고 우리는 왜 공연을 하고 싶어 하는가?

가끔은 무대에서 걸어야 할 어떤 이유도 생각하기 어려울
수 있다.

공연

당신의 기본 공연 방식은 무엇인가?

만약 당신이 그것에 도전하면 어떤 일이 일어나는가?

만약 당신이 그것을 수용하면 어떤 일이 일어나는가?

공연

"공연은 때로 상품이 될 수 있다." 안무가 리즈
애기스의 말이다.

바디서프 워크숍.

공연

공연을 위한 원칙은 모든 세부 사항을 통제하려고 애쓰지 않고 작업하기 위한 매개 변수를 제공할 수 있다. 그것은 당신이 너무 과민하게 비평적으로 반응하지 않도록 하는 데 도움이 되기에, 무언가를 통제하려 공들이다 모두를 잃는 것을 방지한다.

자기 자신의 공연을 판단하는 것은 매우 주관적인 일이고, 다른 이들의 언급이나 지각된 반응에 대응하여 당신의 작업을 조정하다 보면 방향 감각을 잃을 수 있다. 무대 위에서 일어나는 일들의 매개 변수를 조정함에 있어서, 어떻게 다른 방법으로 자신의 중심을 잡을 수 있을까?

공연

모든 공연은, 크게 명시되건 작게 명시되건 간에, '이것은 공연이다'라는 주제 또한 가진다.

공연에 대한 공연은 무슨 일이 일어나고 있는지 당신이 정확히 알고 있기만 하다면 그리고 그것이 당신이 원하는 것이라면 괜찮은 주제이다. 공연에 대한 공연은 심지어 다른 주제로 이어지는 발판을 제공할 수도 있다.

공연에서 드러나는 주제의 이런 층위들이 무엇인지
우리는 어떻게 알 수 있을까, 그리고 그것을 시도하고
발견하는 것이 언제 유용하거나 유용하지 않을까?

('주제' 참조)

공연

우리가 공연을 준비하는 방식은 우리의 준비 습관—
일상적 실천—을 전제로 하는데, 그건 우리가 해야 하는
일을 준비하는 데 반드시 최선의 방법은 아닐 수 있다. 또
한편으로는, 잘못된 준비 방식은 우리가 인식하지 못하는
사이에 딱 맞는 공연으로 이끌 수도 있다.

때때로 우리 자신을 속이는 것은 유용할 수 있다.

공연은 매 순간 전환한다. 우리의 유일한 일은 이 전환이
일어날 때 깨어 있는 상태를 유지하는 것이다. 전환은
공연이 생명을 잃을 때까지 절대 멈추지 않는다.

('역설' 참조)

원칙들

「둘 다 앉아 있는 듀엣」을 공연한 지 1년이 지난 후,
이전에 공연을 보았던 한 친구가 공연에 왔다. 그리고
우리에게 무언가 달라졌다고 말했다. 그녀는 처음
작품을 봤을 땐 각각의 아이디어가 돋보였고, 늘 다음에
어떤 일이 벌어질지 들떠 있었으나, 이번에는 모든 것이
그냥 흐릿하게 지나가 버렸고, 흥미를 잃었다고 말했다.
마테오와 나는 완전히 내던져진 기분이었다. 우리는
자문했다. 이것이 첫 번째 공연을 즐겨서 너무 높아진
그녀의 기대와 연관이 있을까? 혹은 그녀가 이제 기대할
것을 너무 많이 알고 있어서 놀라운 요소들을 놓친
것일까? 만약 문제를 바로잡으려던 우리의 노력이 도리어
일을 그르쳤다면? 그것을 알아내는 법을 우리가 어떻게
알 수 있을까?

그날 밤 내내, 우리는 무엇이 잘못되었는지 찾아내기 위해
어쩔 줄 몰라 하며 쳇바퀴 돌 듯 이야기했다.

다음 날 아침 우리는 작업을 하며 공연에 도움이 되는
원칙들을 모아 적어 놓은 한 뭉치의 노트를 찾았다.
작성한 다음 좀처럼 다시 읽어보지 않았으나 일종의
보험처럼 공연 스코어 한구석에 둔 것이었다. 거기서
우리는 두 가지 생각을 발견했다.

— 작품의 각 부분은 분리되어야 하지만 다음 부분에
　영향을 주어야 한다.
— 에너지는 재료로부터 비롯되어야 하지만, 그것을
　초월하지는 않는다: 그것은 작품 자체에서
　비롯되어서는 안 된다.

첫 번째는 각각의 이미지가 마치 망치로 내려친 것처럼
충격적으로 돋보이면서도 관계를 유지하도록 만드는
법에 관한 것이었고, 두 번째는 작품을 마치 한 번에
끝까지 저돌적으로 몰아치는 파도처럼 타는 것에 대한
경계였다. 우리는 이 두 가지 아이디어를 마음에 담은
채 그날 밤을 보냈다. 그러자 공황에 빠지는 대신 다른
할 일이 생겼다. 몇 분도 안 되어 우리는 작품이 기색을
되찾았음을 알았다. 심지어 그것이 사라졌는지조차
우리는 알아차리지 못했었다.

몇 년 후 이 이야기는 「말하는 춤」이라는 다른 작품에서
되풀이되었는데, 이번엔 정반대였다. 우리를 보러 온
사람은 우리가 하는 것들 사이에서 어떤 연결성도 찾을 수
없었다. 이번에는 우리가 이전 경험의 습관 때문에 공연한
모든 것들을 모두 다 완전하게 분리해 왔음을 깨달았다.
우리는 「말하는 춤」에서 필요한 일은 이전 문제와
정반대임을 알아차렸다―지금 우리가 할 일은 거대한
열정의 파도 속에서 모든 것을 흐릿하게 만드는 것이었다.

때때로 당신이 해야 할 일은 혼란에 빠지는 것이다.

조나단 버로우스, 마테오 파지온, 「둘 다 앉아 있는 듀엣」(2002년)과 「말하는 춤」(2006년).

시장 / 생계유지 / 작업 관리하기 / 커미션

시장

당신은 작업 판매를 시도하기 전에 스스로에게 다음과 같은 질문을 던져볼 수 있다: 이 작업이 내게 개인적으로 주었으면 하는 것은 무엇인가? 나는 누구의 의견에 신경을 쓰는가? 내가 동질감을 느끼는 예술가는 누구이며 그들은 어떻게 생존하는가? 내가 있는 위치에서 시장은 어떻게 보이는가? 나는 얼마나 이 작업을 해야 하며 그것을 하기 위해 스스로를 지지하는 여러 가지 방법들은 무엇인가? 만약 아무도 내가 만드는 것에 흥미가 없다면 나는 어떻게 할 것인가? 그 밖에 내가 관심 있는 것들은 무엇인가?

아무도 당신이 하는 일을 완전히 이해하지 못하는 것 같아 보여도 괜찮다. 애초에 당신을 안무로 이끌었던 것이 무엇이든, 그것은 결국 어딘가 유용한 곳에서 드러날 것이다. 당신이 안무를 하든 안 하든 말이다.

생계유지

안무가의 일을 재정적으로 유지하는 많은 방법들이 있다. 당신에게는 어떤 길이 열려 있으며 당신은 어떤 방식으로 작업하고 싶은가?

권장되는 커리어의 구조가 당신에게는 유용하거나
유용하지 않은 모델일 수 있다.

필요에 따라 각 세대는 그들이 처한 경제 상황과 지원
시스템이 작동하는 방식에 따라 그들만의 고유한
해결책을 찾을 것이다. (혹은 그렇지 않거나.)

당신은 신체와 영혼을 함께 유지하기 위해 필요로 하는
타협과 당신이 해야 하는 일에 필요한 자유 사이에서
어떻게 균형을 찾을 수 있을까?

네트워킹은 어떤 사람들에게 있어 무섭게 작동하지만,
이것이 당신의 작업을 판매하는 유일한 방법은 아니다.

작업 관리하기

춤을 관리하는 데에는 수많은 다른 사례들이 있고, 각각의
안무가에게는 각기 다른 접근 방식이 필요하다. 어떤
이들은 앞날의 계획에 대한 압박감과 성장을 위한 야심
찬 계획 아래에서 자라난다. 다른 이들은 생각의 변화에
따라 대응하는 유연한 맥락 속에서 보다 독창적일 수
있음을 느낀다.

창작자와 매개자 사이의 생산적인 관계는 창의적이고
실용적인 요구들 사이에서 어느 정도 섬세한 타협을

수반하는데, 이는 서로에게 자양분이 되어 서로를 형성한다. 마감 기한은 매우 유용한 것일 수 있고, 당신의 아이디어에 딱 맞는 순간, 딱 맞는 방법으로 도전하는 사람은 당신이 하려던 바를 더 단단하고 명확하게 만드는 데 도움을 줄 수 있다.

예술가는 예술을 조력하고 홍보하는 사람들과의 네트워크 없이 생존할 수 없다. 우리는 외부와 단절된 채로 존재하지 않으며, 우리가 대중에 제시하는 것은 우리가 작업하는 맥락과 지속적인 대화를 나눈다.

작업 관리하기

춤 공연을 조직하는 일은 시간이 걸리는 작업이다. 그 시간을 잘 관리할 수 있는 방법을 찾아보라. 대부분의 일은 당신이 허용하는 만큼 시간이 걸릴 것이다. 이건 안무에서나 관리에서나 마찬가지이다.

작업 관리하기

지원의 정치는 안무가들이 지원받는 방식을 형성한다. 이것은 피할 수 없지만, 어느 정도까지는 타협이 가능하다.

당신은 어떻게 지원받고 있는가? 어떤 종류의 지원이
당신의 창의적인 작업을 가장 잘 충족시켜 주며
지속하도록 할 것인가?

당신이 선택한 인프라의 규모는 당신이 필요한 방식으로
작업하는 데 얼마나 자유로울지, 그리고 일의 기반이 되는
자금을 당신이 어느 정도나 조달할 수 있을지 사이에서
상대적인 균형을 결정짓는 데 도움이 될 것이다. 어떤
이들은 대규모 인프라 내에서 성장하고, 다른 이들은 보다
개인화된 접근을 필요로 한다.

지원 시스템은 예술가들이 더 큰 인프라로 흡수되도록
독려하는 경향이 있는데 왜냐하면 그쪽이 평가하기에
더 수월하며 예술을 지원하는 정치인들 눈에 잘 띄기
때문이다. 그러나 대규모 인프라가 반드시 더 크거나 더
나은 작업을 만들어 내지는 않는다. 당신에게 영향을
미치는 결정으로 몰아가는 정치적 책무보다는 결국에는
당신의 행복과 수행 능력이 더 중요하다.

예술가로서 오래 활동하는 것 역시 중요하다. 그리고
이것은 당신이 작업하기에 딱 맞는 환경을 전제로 한다.
딱 맞는 환경을 찾기란 어느 정도의 시도와 실수, 그리고
많은 현명한 타협이 동반된다.

시장

만일 당신이 많은 사람과 큰 세트를 수반하는 작품을
만든다면, 기획자, 극장 또는 페스티벌이 당신을 섭외하는
데 더 많은 비용이 들 것이다. 작품을 관리하기 쉬운
규모로 유지한다면, 당신은 작품을 선보일 더 많은 기회를
얻을지도 모른다. 솔로와 듀엣은 페스티벌 예산상 맨
끝자락에 선택된다.

또 한편으로는 많은 사람과 큰 세트를 수반하는
작품이야말로 극장이 원하고 지불할 만한 것일 수 있다.

우리는 외부와 단절된 채 작업하지 않는다.

당신은 어떻게 가장 행복하게 작업할 것인가?

시장

시장에는 더 큰 작업을 더 대단한 예술적 비전과
동일시하는 규모 간의 위계가 있다. 작은 작품을 만드는
데 성공한 많은 예술가들이 확장을 독려받고, 그럴 때
많은 이들이 방향을 잃는다.

위대한 작품은 규모로 정의되지 않는다.

우리 중 대부분은 필연적으로 우리가 만들 수 있는 작업의 비전을 알리고 정의하는 작은 규모로 안무를 시작한다. 그러나 윌리엄 포사이스와 피나 바우슈는 초기부터 큰 극장에서 작업하기 시작했고 그렇게 작업을 지속했다.

당신은 어떤 방식으로 작업했으며 어떤 방식으로 작업하기를 원하는가? 만약 규모를 전환하는 위험을 감수한다면, 당신은 그것을 딱 맞는 이유로 그리고 당신이 하는 일과 그 일을 하는 이유에 대한 내적 이상을 유지하는 방식 내에서, 어떻게 할 수 있는가?

('작업 관리하기' 참조)

시장

새로운 춤과 퍼포먼스 작업을 지원하는 극장과 페스티벌의 네트워크가 전 세계에 걸쳐 있다. 이런 개별적인 춤 기획자들 간의 연결은 예술가에 대한 정보가 퍼지는 방식에 있어 필수적인 부분이다. 그러나 춤 예술가는 많고, 현존하는 구조 안에서 눈에 띄거나 지속적으로 지원받는 것이 늘 쉽지는 않다.

춤 예술가들은 그들의 예술 형식을 추구하기 위해 어떤 다른 구조와 전략을 이용할 수 있을까?

공연할 기회가 적어지더라도, 공연에서 당신의 작업이
발전될 수 있도록 어떤 접근 방식을 개발할 수 있을까?

우리는 대표적인 작품에 대한 인정과 보다 섬세하고
일시적인 다른 종류의 작업들이 생존하는 데 필요한 공간
사이에서 어떻게 균형을 찾을 수 있을까?

시장

공연을 판매하기 위해서는 그것을 시장에 내놔야 할
것이다. 자신들을 위한 일이 벌어지는 공간을 가지려는
관객의 요구를 외면하지 않은 채 당신은 공연에 대해
무엇을 이야기할 수 있는가?

당신은 충족될 수 없는 기대를 발생시키지 않으면서
관객의 주목을 끌기 위해 어떤 이미지를 만들어 낼
수 있는가?

당신의 실제 맥락과는 거의 관계가 없을 사업 모델을
전제로 한 마케팅 세계의 요구와 당신은 어떻게
교섭하는가?

시장

춤은 극단으로 밀어붙이는 것을 좋아한다. 신체적,
감정적, 기교적, 위반적⋯

이 이미지는 모두 춤 마케팅에 영향을 미치고, 어느 정도
그 산물이다. 춤 공연의 홍보 브로슈어의 글은 극단의
형용사로 가득 차 있다.

때로 그건 마치 예술 형식이 의미를 위하여 강하게
쥐어짜진 것처럼 느껴진다.

의미는 가장 뜻밖의 장소에서 발생한다.

때로 의미는 극단의 상황에서 발생한다.

커미션

커미션 작품은 독립 안무가들이 자신의 작업을 다양하고
더 많은 관객에게 선보일 수 있는 한 방법이다. 어떤
이들은 작품을 의뢰받은 상황에서 잘 작업하고, 어떤
이들은 그렇지 않다.

다른 누군가의 단체를 위해 작품을 만들 때 잠정적 어려움
중 하나는 작업 초청이 보통 함께 작업할 무용수들이

아니라 감독으로부터 온다는 것이다. 이러한 상황에서
무용수들이 아직 당신의 작업을 모를지라도, 당신이 하는
일들이 유용하고, 흥미롭고, 개별적일 수 있다고 느끼도록
하려면 어떤 전략을 이용할 수 있을까?

종종 감독은 당신이 만든 무언가 다른 것을 보았기
때문에 작업을 의뢰한다. 당신의 이전 작업에서 생겨난
기대감과 새로운 영역으로 나아가기 위해 필요한 자유
사이에서 절충안을 찾기 위해 당신은 어떤 전략을 이용할
수 있을까?

작업을 의뢰한 단체가 작업하는 방식은 당신이
일반적으로 작업하는 방식을 반영하지 않을 것이다. 예를
들면, 당신에게 허락된 시간은 평소보다 줄어들 것이다.
당신은 어떻게 잘하는 일을 기반으로 그리고 큰 단체들이
일반적으로 할당하는 짧은 리허설 시간에 맞는 작업
과정을 찾을 수 있을까?

발생할 수 있는 최악의 상황은 당신이 실패하는 것이다.

이건 단지 바보 같은 춤일 뿐이다.

작업 관리하기

가끔씩 고개를 드는 사회적 통념은 예술가들이 선천적으로 체계적이지 않은 존재이자, 늘 상상 속의 무질서한 에너지에 빠진 포로이며, 언제나 강한 관리자의 보호 아래에서 혜택을 얻는다는 신화를 지속시킨다. 사실 어떤 이들에게는 잘 들어맞는 그림이다. 그러나 그렇지 않다면, 가급적 이런 신화를 정중히 사양하는 것이 아마도 최선일 것이다.

시장

우리는 춤이 오직 몇몇 사람들에게만 사랑받는 비주류 예술 형식이라는 말을 듣곤 하지만, 그럼에도 불구하고 많은 사람들이 여기에 열정을 느낀다.

나는 이렇게 공상한다: 어쩌면 딱 맞는 수의 사람들이 춤을 좋아하는 건 아닐까?

음악 / 협업 / 정적

음악

전통적인 방법은 물론, 먼저 음악 작품을 찾거나 의뢰한 다음 거기에 맞춰 안무하는 것이다.

이것은 일을 진행하는 데 결코 나쁜 방법이 아니다.

음악

당신이 어떤 음악 혹은 소리로 작업하기로 결정했든, 가장 중요한 일은 우리가 보게 될 것과 듣게 될 것의 상대적인 무게를 고려하는 것이다. 시끄러운 음악은 작은 움직임을 넘어서고, 소리는 흔히 분위기를 지배한다.

당신이 사용하는 음악 혹은 소리는 어떤 세계 전체를 변화시킬 수 있다. (영화를 생각해 보라.)

당신은 음악 혹은 소리의 분위기를 원하는가, 혹은 그 아래 또 다른, 더 섬세하지만 그에 못지않게 강력한, 압도될 정도로 위험한 분위기가 존재하는가?

만약 당신이 음악에 맞추어 안무를 한다면 당신은 우리가
듣게 될 소리의 힘에 정확히 맞추어 상대적인 무게를 지닌
움직임을 만들어 낼 수 있다.

청각적 리듬은 우리의 지각에 시각적 리듬과는 다르게
작동한다. 당신이 듣는 리듬은 당신이 보는 리듬보다
더 강하다.

음악의 힘과 움직임의 힘에서 균형을 유지하는 한 가지
방법은 정적을 포함시키는 것이다.

혹은 볼륨을 조절할 수도 있다.

음악을 쓰고 나서 이런 딜레마를 안고 씨름하는 것은
작곡가를 좌절시킨다. 당신이 작업하는 과정은 어떤
순서로 대상들이 당도할지에 영향을 주는데, 이는 당신의
협업자가 최상의 균형을 찾는 데 도움이 되기도 방해가
되기도 할 것이다. 당신이 함께 일하는 방식에서 이런
것들을 예측할 수 있는 방법이 있는가?

혹은 새로운 음악의 갑작스런 등장으로 발생한 예기치
않은 변화가 모든 것을 아주 멋지게 변화시킬 것인가?

일주일의 시간을 주어라.

협업

만약 당신이 작곡가와 함께 작업한다면 그들을 당신이
원칙으로 삼는 작업 방식으로 초대해 보라. 당신이
기대하는 소리나 음악의 역할을 설명하고 실행하기 전에
먼저 그들의 관점을 들어 보라.

협업의 순간은 딱 맞는 사람에게 함께 일하기를 요청하는
순간이며 그러고 나서는 그들을 완전히 신뢰하는 것이다.
('협업' 참조)

당신이 그렇듯, 당신의 협업자는 그들이 누구인지 그리고
어떤 경험을 했는지에 따라 그 한계 내에서 최선을 다할
수 있을 뿐이다.

작곡가가 당신의 필요에 맞추어 그들의 작업을 자르고
조정하기를 기대하지 마라—세부적인 것에 손을 대기
시작하면 그들이 만든 것은 갈피를 잃을지도 모른다.
움직임과 소리가 함께 작동하도록 하기 위하여 당신이
조정할 만한 무언가가 있는가?

"아마 당신들이 너무 밀접히 작업해서 춤과 음악이 하나가 되어 버린 것 같네요. 어떤 충돌도 없네요." 작곡가 마테오 파지온이 스코틀랜드의 한 워크숍에서 한 말이다.

바디서프 워크숍.

원칙을 공유하기란 같은 프로젝트에 공존하는 동안 서로의 차이를 위해 공간을 내어 주는 하나의 방식이다. 불가피한 충돌은 때로 의례적인 합의보다 더 흥미롭다.

('원칙들'과 '협업' 참조)

협업

안무가가 작업하기 시작한 첫 번째 녹음본은 작품의 기반을 형성하게 될 것이며, 이 녹음본의 감정적 풍경은 소리와 움직임 간의 균형 그리고 생성된 의미들을 뒷받침하게 될 것이다. 이 첫 번째 녹음본은 모든 것을 교란시키지 않고서는, 뒤늦게 더 나은 녹음본으로 쉽사리 대체될 수 없다.

혹은 새로운 음악의 갑작스런 등장으로 발생한 예기치 않은 변화가 모든 것을 아주 멋지게 변화시킬 것인가?

음악

팝음악은 당신이 만든 것을 절대적으로 지배할 것이다.
당신이 틀어 놓은 곡을 우리가 모를지라도 그것은 특정한
종류의 강한 레퍼런스를 대부분의 관객들에게 전달할
것이다. 이것이 당신에게 필요한 것인가, 그리고 당신은
우리를 휘저을 명백한 힘의 합보다 더 크게 다가올
레퍼런스 내에서 현명하게 작업할 수 있는가?

시끄러운 음악이 당신 작품에 더 많은 에너지를 실어
주지는 않을 것이다. 그저 당신 작품이 에너지가 결핍되어
있음을 알아차리게 될지도 모른다. 만약 당신이 더 큰
에너지를 원한다면 에너지 넘치는 무언가를 만들어라.

음악

소리나 음악을 이용하여 분위기를 조성하는 것은
수월하다.

소리나 음악으로 조성된 분위기는 우리가 듣는 것의
감정적 풍경이 전달하는 더 큰 의미를 공연에 제공할 수
있다. 당신이 전달하고자 하는 의미는 무엇인가? 춤은
어떤 의미를 전달하고 있는가?

춤 관객에게 익숙한 특정한 종류의 분위기를 내는 소리가 있다. 마치 무언가 나쁜 일이 일어날 것처럼 어렴풋한 위협감을 동반하는, 일반적으로 산업 시설에서 나는 우르릉거리는 낮은 소리처럼 들린다. 이런 종류의 소리에는 두 가지 기능이 있는 듯하다. 정적을 감추려는 것과 움직임을 더욱 환기시키는 것이다. 이는 '무언가 진지한 일이 벌어지고 있다'는 관객과의 강력한 약속을 만들어 낸다. 또한 '이것은 컨템포러리 댄스다'라고 말하기도 한다. 그것은 당신이 하는 것을 더 의미 있거나 진지하게 만들지는 않을 것이다.

당신이 감정을 빌려 오고 있다면 관객은 그것을 알아차릴 것이다.

정적

공연 중의 정적은 관객에게 매우 불편할 수 있다. 숨 쉬는 것조차 허락되지 않은 듯이 느껴질 수 있다.

관객에게 보다 열린 초대로 확대될 수 있는 성질의 정적이 있을까? ('관객' 참조)

혹은 긴장감 있는 정적이야말로 당신이 필요로 하는 것인가?

정적

정적은 누드보다 더 중립적이지 않다.

텍스트

텍스트

발화된 언어는 우리 대부분에게 주요 소통 수단이다.
우리가 춤 공연에서 말하지 않기로 선택했을 때 우리는
이야기하는 다른 방식을 무조건적으로 신뢰하게 된다.

아니면 우리는 말하는 것을 선택할 수도 있다.

만약 말을 하기로 선택했다면, 그것은 당신이 작업하는
움직임이나 이미지에서 무엇을 드러내고 무엇을 감출
수 있는가?

당신이 작업하기로 선택한 텍스트는 당신이 만들어
내는 시각적 요소와 대화한다. 가장 중요한 일은 우리가
보게 될 것과 듣게 될 것의 상대적인 무게를 고려하는
것이다. 서사적인 텍스트는 추상적인 움직임이 가볍거나
부차적으로 보이도록 만들 수 있으며, 우리가 신체
언어에서 읽어 내는 미묘한 의미들은 말에 쉽사리
파묻혀 버린다.

"글쓰기나 텍스트는 항상 지시 대상, 즉 그것이 지시하는
지워질 수 없는 무언가를 갖는다. 이 레퍼런스에는

중요성을 지닌 무언가가 있으며, 때로는 신체에서 그 중요성을 찾는 것이 더 어려워 보일 수 있다."

에이드리언 히스필드, 임풀스탄츠 워크숍.

빌뉴스에서의 한 워크숍에서: "움직임과 말의 균형을 맞추는 데에는 놀라울 정도로 많은 신체적 힘이 요구된다. 당신이 80퍼센트는 움직이고 20퍼센트는 말해야만 하는 것과 같다."

카르스텐 부르케 크리스텐센, 노르센 워크숍, 빌뉴스, 2006년.

텍스트

누군가 무대 위에서 말을 하면, 그것은 움직임이나 이미지와는 다른 특정한 방식으로 소통한다.

당신의 말하기는 관객과 어떤 관계를 갖는가, 그리고 그것은 당신이 소통하길 원하는 다른 방식에 어떻게 영향을 미칠 수 있는가?

또한 말하기는 시간이, 움직임과는 다른 연속성을 가진 채, 특정한 방식으로 흐르도록 만든다. 단어의 의미는 우리의 상상을 앞으로 끌어내, 다음에 어떤 일이 일어날지 생각하는 기대에 찬 긴 멈춤을 허용한다. 그에 비해 움직임의 시간은 느리고 공허해 보일 수 있다. 짧은 시간을 채우기 위해서는 많은 움직임이 필요하지만, 몇 개의 단어라도 긴 공간에 걸쳐 펼쳐질 수 있다. 「햄릿」은 얇은 책에 들어가는 네 시간짜리 연극이다.

말은 당신에게 흐르는 시간에 대한 어떤 감각을 주는가, 그리고 그것은 당신의 움직임과 이미지의 시간에 어떤 영향을 미치는가?

모든 요소들의 균형을 맞추고 각각의 구성 요소가 필요로 하는 공간을 어떻게 만들 수 있는가?

('언어', '서사', '연속성', '관계', '관객' 참조)

텍스트

'말하지 않기'로 합의된 춤 공연일지라도 나의 마음과 모든 관객의 마음속에는 말들이 쏟아져 흐른다.

텍스트

텍스트는 때때로 안무에서도 유용하다.

텍스트

텍스트는 다른 어떤 것보다 더 잘 혹은 덜 소통되지 않는다.

텍스트는 다른 어떤 것보다 더 많은 혹은 적은 의미를
갖지 않는다.

**조명 / 테크니션 / 협업 / 의상 / 신발 혹은 맨발 /
세트 디자인 / 누드**

조명

극장에서 공연하는 작업에는 대부분 인공조명이 필요할
것이다. 아니면 어둠 속에서 작업하길 선택할 수도 있다.
단 이 질문을 회피할 순 없다: 당신은 조명이 무엇을
하기를 원하는가?

극장 조명은 관객에게 이곳이 확실히 '극장'임을
드러내기에 매우 좋다. 이것은 하나의 가능성이며 어쩌면
이것이 당신이 필요로 하는 것일 수 있다.

아니면 조명이 안무의 극적 구성을 강조하기를 원하는가?
이것은 관객이 보는 바를 읽어 내는 데 도움이 될 것인가
아니면 그들을 혼란시킬 것인가?

조명은 바라보기에 정말 아름다울 수 있다. 이것은
당신에게 도움이 되는가 혹은 그렇지 않은가?

조명이 전혀 눈에 띄지 않기를 원하는가?

모든 조명 스타일에는 의도가 따르고, 그것이 유용한지
아닌지 찾아내는 것은 당신에게 달렸다. 관객이 무엇에

집중하기를 원하는가 그리고 무엇이 그들의 주의를 흐트러트릴 수 있을까?

조명

극장 조명은 계속 발전하고 있지만, 그 가능성들은 당신이 있는 공간과 그것이 수반하는 장비에 의해 제한된다.

이용 가능한 조명들은 당신을 위해 무엇을 할 수 있을까?

테크니션

어떤 테크니션들은 기꺼이 도움을 주지만 어떤 이들은 그보다 일을 빨리 끝내길 원한다.

때로는 당신이 무엇을 말하는지 아는 것이 도움이 되지만 때로는 테크니션에게 도움을 요청하는 편이 더 낫다.

아마 각각의 조명 기기가 할 수 있는 일, 그것들이 어떻게 걸리고, 초점 맞춰지고, 색이 입혀지고, 부드러워지는지 알아 두면 유용할 것이다. 약간의 지식은 쉽게 얻어지고 오랫동안 쓰인다.

조명 기기의 세기는 퍼센트로 측정된다. 만약 램프가 너무 밝거나 너무 어둑어둑하다면 테크니션에게 한 번에

10퍼센트씩 낮추거나 높여 달라고 요청하라. 그리고 조명이 딱 맞다고 느껴질 때까지 이것을 계속해라. 만약 거의 맞지만 딱 맞지는 않다면, 더 작은 변화를 제안해라—5퍼센트 혹은 심지어 2퍼센트를 요청해라. 이 일을 하는 동안 당신 자신과 주위 사람들이 미쳐 버리지 않도록 해라. 거의 맞다면 보통은 괜찮다.

테크니션들은 그들이 일하는 공간을 당신보다 훨씬 잘 알고 있다. 동시에 당신이 무대에 올랐을 때에 관객은 그 공간이 당신 것이라고 믿어야 한다. 테크니션들과의 작업은 이 역설과 벌이는 끊임없는 교섭이다. 테크니션이 공연을 마음에 들어 한다는 것은 당신이 받을 수 있는 가장 큰 칭찬이다. 그들은 아주 많은 공연을 본다.

테크니션

다섯 시간의 좌절을 겪는 동안 우리가 건넨 모든 의견에 대한 테크니션의 반응을 보면 그는 우리가 스스로 무엇을 하고 있는지 전혀 모른다고 생각하는 것이 분명했다. 우리는 150회가 넘도록 공연에 조명을 맞춰 봤었는데 말이다.

우리는 이 아이디어를 가져와 공연을 위한 내 스코어 첫 장에 적어 두었는데, 이것은 공연을 세팅할 때마다 나에게 우리가 거기 있어야 하는 이유와 우리가 해야 하는 일을 정확히 상기시켜 주었다. 다음과 같은 아이디어다.

"우리는 우리가 하고 있는 일이 무엇인지 모르면서
그것을 하고 있다."

"나는 할 말이 없으면서 그것을 말하고 있다"라고
말한 것은 작곡가 존 케이지였다. 이건 그의 「무에
관한 강연」의 시작에 나오며, "그리고 그것은 내가
필요로 하는 시이다"라는 말로 이어진다. 종종 도발로
이해되는 성명이지만, 동시에 이것은 시가 때로도 작동할
때, 작동하는 이유에 대한 겸손 어린 실용적 견해의
표명이기도 하다.

존 케이지, 「무에 관한 강연」, 『사일런스』(런던: 매리언 보이어스,
[1961년]1995년), 109.

「무에 관한 강연」은 1950년에 초연된 작곡에 대한
이야기이며, 케이지가 그의 음악을 쓸 때 사용한 것과
동일한 원칙을 사용한다. 『사일런스』에서 찾을 수 있다.

('우연성' 참조)

조명

조명을 관찰하기 까다로운 이유는 당신의 눈동자가 마주
대한 새로운 상황에 따라 계속해서 수축하거나 팽창하기
때문이다. 어두운 상태는 오래 볼수록 더 밝게 지각된다.

빠르게 작업하고 당신의 결정을 믿어라.

극장에서 조명을 어떻게 작동할지 혹은 하지 말아야 할지에 관한 많은 정설들이 있다. 그러나 당신이 보는 것과 관객이 무엇을 보기 바라는지에 대해 스스로의 감각을 믿을 수도 있다.

또한 조명은 퍼포머가 느끼는 방식에도 영향을 미치고 무대 위에서의 작동도 가능하다. 가장 효과적인 환경에서 최고의 공연이 이루어질 수 있도록 하는 최적의 조명 조건은 무엇인가?

조명

조명의 변화는 보는 이의 눈에 생기를 되찾게 하고 관객의 집중을 유지해 주는 또 다른 도구를 제공한다. 이런 변화들은 작품을 끌어 나가는 사건들과 대위를 이루는 또 다른 목소리를 더한다.

변화하는 조명의 시공간은 어떻게 다른 요소들과 보조를 맞추며 균형을 찾을 수 있을까?

만약 조명 디자이너와 함께 작업한다면 그들을 당신이
원칙으로 삼은 작업 방식으로 초대해 보라. 당신이
기대하는 조명의 역할을 설명하고 실행하기 전에 그들의
관점을 들어 보라.

협업의 순간은 딱 맞는 사람에게 함께 일하기를 요청하는
순간이며 그리고 나서는 그들을 완전히 신뢰하는 것이다.

당신과 마찬가지로 당신의 협업자는 그들이 누구인지
그리고 어떤 경험을 했는지에 따라 그 한계 내에서 최선을
다할 수 있을 뿐이다.

어떤 조명을 가지고 작업할지 선택했든 간에, 가장 중요한
것은 이 인공조명이 만들어 내는 풍경 안에서 퍼포머라는
인간 존재의 상대적인 무게를 고려하는 것이다. 소소하고
친숙한 연습실의 성역에서 미묘하게 보이던 것은
극장이라는 세계로 갑작스레 전환되며 급진적으로 변화될
수 있다.

어쩌면 당신이 필요로 하는 것은 급진적인 변화인가?

무대 위를 걸을 때 당신은 스스로를 드러내는가 아니면
누군가 혹은 무엇인가 다른 것을 드러내는가?

의상은 어떻게 두 가지 모두 가능하도록 할 수 있을까?

의상은 어떻게 당신을 분명하거나 모호하게 할
수 있을까?

의상은 어떻게 당신이 체현하는 신체성을 강화하거나
저하시킬 수 있을까?

당신이 무엇을 입고 있건 간에 그건 의상이다. 질문은
이것이다: 당신이 하고 있는 것에 딱 맞는 도구는
무엇인가?

안무가 리즈 애기스는 이렇게 말했다. "나에게
퍼포먼스는 시각적 존재로 표현되는 것이다―난 항상
작업하기 전에 내가 어떻게 보일지 알고 있으며, 그것을
알기 전에는 춤추지 않는다."
바디서프 워크숍.

의상

만약 의상 디자이너와 함께 작업한다면 그들을 당신이
원칙으로 삼은 작업 방식으로 초대해 보라. 당신이
기대하는 의상의 역할을 설명하고 실행하기 전에 그들의
관점을 들어 보라.

협업의 순간은 딱 맞는 사람에게 함께 일하기를
요청하는 순간이며 그러고 나서는 그들을 완전하게
신뢰하는 것이다.

혹은 적당한 신뢰만으로도 할 수 있을까?

협업

당신이 함께 협업할 누군가를 초대할 때 그들은 당신을
돕기를 원할 것이며 그렇게 하기 위해 열심히 일할
것이다. 안무, 음향, 조명, 의상, 세트, 시각 자료 등 공연을
이루는 각 부분의 전반적인 효과에 어떤 비중을 두는 것이
적절한지 알아보기 위해서, 함께 일을 시작하기 전에 일의
한도에 대해 솔직하게 터놓는 논의는 유용할 것이다.

시끄러운 음악은 작은 움직임을 앞지르고 큰 모자는 우리
눈을 가득 채울 것이다.

어쩌면 큰 모자야말로 당신이 우리가 보길
원하는 것인가?

신발 혹은 맨발?

무엇을 신을지는 어려운 결정일 수 있다. 우리가 신는
것은 움직이는 방법에 영향을 끼칠 테지만, 관객이 우리가
드러내는 것을 인지하는 방식에도 영향을 끼칠 것이다.

맨발은 컨템포러리 댄스의 기표이다.

운동화와 신발은 컨템포러리 댄스의 기표이다.

발레 슈즈는 발레의 기표이다.

하이힐은?

우리가 신발을 신거나 혹은 신지 않은 것만큼이나 중요한
이미지를 지니는 것은 없다.

우리가 알아차리지 못하는 것은 무엇일까? 어쩌면 신발이
당신에게 부여한 이미지야말로 정확히 당신이 필요로
하는 것인가?

세트 디자인

빈 무대는 큰 극장 세트만큼이나 중요한 표현이다. 당신은
어떤 표현을 하고 싶은가?

만약 연극적인 세트를 수반한다면 당신이 그것으로부터
원하는 기능은 무엇인가? 공연의 서사나 주제를 돕기
위한 것인가, 만약 그렇다면 어떤 면에서 도움이 될
수 있을까? 혹은 세트가 스펙터클을 위한 수단으로서
작동되기를 원하는가?

당신은 얼마만큼의 스펙터클을 취할 수 있는가?

세트가 당신의 일을 해 주지는 않겠지만, 만약 딱 맞는
이유로 딱 맞는 세트 디자이너와 협업을 한다면 세트는
당신이 원하는 일을 할지도 모른다.

누드

누드가 당신의 일을 해 주지는 않겠지만, 만약 딱 맞는
맥락에서 딱 맞는 이유로 누드를 사용한다면 그것은
당신이 원하는 일을 할지도 모른다.

누드

누드는 큰 모자보다 더 중립적이지 않다.

제목

제목

작품에 부여하는 제목은 당신이 관객과 맺는 약속에서 강한 부분을 형성한다. 거기에는 관객들이 서서히 펼쳐지는 공연을 읽고, 이해하고, 따라가도록 돕는 실마리가 담겨 있다.

제목이 제시하는 이정표는 관객들이 따라가거나 완전하게 이해할 필요가 없으며, 단순히 경험하기만 해도 된다고 그들을 안심시키는 것일 수도 있다.

시적인 제목이 당신의 춤을 더 시적으로 만들지는 않을 것이다. 그건 단지 이미지를 떠올리게 할 뿐이고, 춤이 그것을 흡수해 버리거나 씻어 내릴 때까지 잠시 맴돌 것이다. 이것이 당신이 정말 바라는 것인지 곰곰이 생각해 보라.

작품에 부여하는 제목은 또한 떠나가는 관객의 마음속에서 작품을 대변할 것이기에, 기억할 수 있다면 유용할 것이다. 시도해 보라: 당신이 생각한 제목을 적지 마라. 그리고 일주일이 지난 후에도 여전히 기억할 수 있는지 확인해 보라. 당신은 무엇을 기억했는가?

제목은 또한 개념이나 서사를 아주 간단명료하게
표현하거나, 우리가 쉽게 찾아낼 수 있는 지점을 가리킬
수도 있다.

당신이 사랑하는 것들에 부여된 제목을 관찰하고
그것들이 당신의 기억, 지성 그리고 상상에 어떤 식으로
운용되고 있는지 고려하라.

당신이 작품을 만드는 동안 부여한 제목은 만들어진
후에는 작품이 원치 않는 제목일지도 모른다.

한번 마음에 박힌 딱 맞는 제목은 아마 떠나기를
거부할 것이다.

딱 맞는 작품에 딱 맞는 제목은, 어떤 면에서,
비가시적이다.

촬영 / 역사 / 협업 / 거울 / 휴먼 스케일

촬영

하나의 수행된 안무는 순간적인 것으로, 오직 공연의
순간에만 완전하게 존재하며 그 후에는 그 사건을 목격한
이들의 마음속에 파편적 기억으로만 존재한다.

대개 비디오 형식의 촬영은 우리가 만든 것을 보존하려는
방법 중 하나이지만, 영상은 공연이라는 사건을 기록하는
데 그칠 뿐이다. 공연 영상은 마치 회화를 찍은 사진과
같다. 둘 다 대상을 재생산해 보여 주지만, 그들이 기록한
대상과 분리되어 특정하고 제한된 원본의 경험만을
제공하면서, 그 자체의 대상으로 남는다.

어쩌면 공연이 아니라 필름이야말로 당신이 만들고자
하는 것인가?

춤은 늘 필름 매체에 있어 풍부한 주제였다.

어떤 춤 작품의 필름은 본래의 공연보다 더 낫다.

작은 스크린보다는 라이브로 춤을 보는 것이 더 쉽다: 트릭이 더 잘 작동한다.

굉장한 댄스 필름들은 우리가 계속 지켜보도록 만드는 자신만의 굉장한 트릭들을 찾아낸다.

어쩌면 기술이 이 모든 것을 변화시킬 수 있을까?

역사

음악에 비하여, 춤 공연은 늘 존재하는 역사적 정전의 아카이브에 대체로 얽매이지 않는다. 그것은 그 자신의 역사를 쉽게 잊어버리기에 끊임없이 스스로를 재창조하는 과정 속에 있고, 매번 새로운 시대에 맞추어 새로운 몸으로 개조된다. 이것이 춤이 가장 실험적인 예술 형식 중 하나로 남아 있는 이유이다.

이것은 작가 안드레 레페키가 18세기 안무가 장조르주 노베르의 말을 풀어쓴 것이다. "…끊임없이 잊어버리기 때문에 춤은 너무나 멍청하다. 그리고 끊임없이 잊힌다."

안드레 레페키, 『캐피탈』, 마리아 지 아시스, 마텐 스팽베르크 엮음 (리스본: 칼로스트 굴벵키앙 재단, 2004년), 66.

"…이런 종류의 작업은 오직 한순간에만 지속되며 어떤 인상을 만들어 내자마자 잊힌다."

장조르주 노베르, 『무용과 발레에 관한 편지』, 시릴 보몬트 옮김(햄프셔: 댄스북, 2004년), 9.

"춤에서 표현되는 주제들은 대개 무의미하고, 장면들은 잘못 배치된 것만큼 잘못 연결된 채 혼란스런 메들리를 내놓는다."

노베르, 『무용과 발레에 관한 편지』, 16.

때로는 바보스러운 춤이야말로 당신이 해야 할 일이다.

때로는 잊어버리는 것이야말로 당신이 해야 할 일이다.

촬영

극장과 페스티벌의 춤 프로그램을 큐레이팅하는 사람들은 공연을 늘 라이브로 볼 수 없거나 본 것을 상기시켜 줄 만한 것을 원하기 때문에 작업의 녹화본을 즐겨 본다. 춤 기획자의 온라인 세계와 사무실에는 반쯤 보다 만 비싸지만 생명을 다한 춤 작업의 녹화본들이 산더미처럼 쌓여 있다. 때로는 당신의 작업 비디오만 보고도 공연 요청이 온다. 하지만 평소에는 녹화본을 보내 봤자 묵묵부답이다.

당신이 필요한 녹화본과 실제 공연을 만드는 데 필요한
자원 사이에서 어떻게 균형을 찾을 수 있을까? 당신은
녹화본으로부터 무엇을 원하는가? 당신의 공연과 작품을
보여 주는 여러 수단 사이에서 어떤 대화가 가능할까?

카메라는 춤의 어떤 점을 잘 보여 줄 수 있는가, 그리고
이차적인 매체와의 대화로 모호해지는 것은 무엇인가?

아니면 혹시 당신은 촬영이 주된 매체가 되기를
원하는가?

이따금씩 잠시 멈추고, 우리가 공연하기 좋아하는 이유
혹은 그렇지 않은 이유를 곰곰이 생각해 볼 가치가 있다.
('관객'과 '공연' 참조)

어떤 다른 방식으로 작업을 기록할 수 있을까?
('스코어' 참조)

협업

당신이 만드는 영상 혹은 비디오에 공연 작품을 만들 때
영향을 미친 동일한 원칙을 적용할 수 있을까?

만약 당신이 영상 감독과 협업한다면 어떻게 그들을
공연 작업에 숨은 과정으로 불러들일 수 있을까, 그리고

어떻게 두 매체 모두에 최고의 작업이 되도록 잘 교섭할 수 있을까?

협업의 순간은 딱 맞는 사람에게 함께 일하자고 요청하는 순간이며 그러고 나서는 그들을 완전하게 신뢰하는 것이다.

촬영

무대 위에 이미지를 투사하는 것은 촬영한 재료를 사용하는 또 다른 방법이다.

촬영된 이미지는 함께 무대 위에 있는 가련한 인간을 쉽사리 삼켜 버리는 시각적 충격, 규모 그리고 레퍼런스의 힘을 가진다.

투사된 비디오의 풍요로움과 인간이 만들어 내는 즐거운 빈곤 사이에서 어떻게 균형을 찾을 수 있을까?

투사가 당신의 일을 해 주지는 않겠지만, 만약 딱 맞는 맥락에서 딱 맞는 이유로 사용한다면 당신이 원하는 일을 할지도 모른다.

비디오는 또한 당신이 만들고 있는 것을 보는 방법을 제공한다.

어떤 작업은 비디오에서 완전히 상실된다. 리허설 공간에서 카메라를 사용할 때, 스크린에서 보기에 너무 미묘해서 상실되는 것들을 받아들일 준비가 되어 있는가?

당신이 만들고 있는 것을 볼 수 있는 어떤 다른 방식을 시도해 볼 수 있을까?

만약 전혀 보지 않는다면 무슨 일이 발생할까?

거울

당신이 하고 있는 것을 관찰하는 전통적인 방식은 거울을 보는 것이다.

거울에서 볼 수 있는 프레이즈의 리듬과 세세한 요소는 때로, 춤 만드는 작업을 당신만의 타이밍 감각과 나누는 풍부한 대화로 이끌 수 있다.

언제 거울을 이용하는 것이 유용한가, 그리고 언제 지나치게 자신의 감각에 들러붙어 다른 곳에 도달하는 데 실패하는가? 거울에 집중하는 방법은 어느 정도 무대 위에서 집중하는 방법에 영향을 미칠 것이다.

당신은 어떻게 집중하길 원하는가?

촬영

바로 비디오를 보지 마라. 당신이 무엇을 보고자 했는지 잊어버릴 때까지 일주일간 기다리는 것이 가장 좋다. 아주 기쁠지도 모른다.

휴먼 스케일

춤이 관객에게 아낌 없이 베풀 수 있는 것 중 하나는 휴먼 스케일이다.

위계 / 무용수 혹은 안무가? / 안 혹은 밖 / 누가 무엇을 소유하는가?

위계

안무가와 무용수의 관계는 어렵다. 통제, 소유, 협업 등 문제투성이다. 춤은 저드슨 교회 이래 이런 위계에 도전해 왔지만 딜레마는 사라지지 않는 듯하다.

리허설에서 스트레스를 받을 때면 부정적인 위계를 강화하는 상습적인 위치를 쉽게 받아들이게 된다. 안무가는 통제를 하는 선생님의 역할로 쉽사리 빠져들고, 무용수는 수동적으로 저항하는 학생의 자세를 취하며 깨뜨리기 어려운 순환의 고리로 서로를 작동시킨다.

새로운 운동 기술을 배우기란 감정적으로 스트레스를 받는 일이며 가장 생산적인 리허설 분위기도 때로는 긴장될 수 있다. ('테크닉' 참조)

이것을 어떻게 해결할 수 있을까?

위계

안무가는 자주 연습실에서 자신이 하고 있는 일을 알기 위해서 그리고 아이디어를 떠올리기 위해서 많은 압박에 시달린다.

안무가는 자신이 하려는 일이 무엇인지 모두 알
필요는 없다.

그러나 어떻게 하려는지에 대해 무언가 알고 있다면
도움이 된다.

어느 정도의 사전 준비는 틀림없이 좋은 일이다.
('스튜디오'와 '준비' 참조)

무용수 혹은 퍼포머 역시 연습실에서 자신이 하고 있는
일을 잘하기 위해서 그리고 아이디어를 떠올리기 위해서
많은 압박에 시달릴 수 있다.

지금도 충분히 잘하고 있다고 어떻게 서로를 안심시킬
수 있을까?

위계

레스터의 몇몇 학생들이 나에게 이렇게 제안했다. "만약
안무가가 자신의 작업에 도움이 되는 원칙과 과정을
발견했다면, 무용수에게도 어떤 원칙이나 과정이 작업에
도움이 될지 물어봐야 하지 않을까요?

레베카 다우닝과 클레어 테일러, 드몽포트 대학교, 레스터, 2008년.

위계

무용수들은 종종 안무에 기여한 바를 인정받지 못한
채 재료를 창조해 낸다. '무용수'라 불리지만 재료를
창조하는 이 춤-예술가의 역할을 어떻게 정의할
수 있을까?

어떻게 '안무가'의 역할을 정의할 수 있을까?

때로 퍼포머들은 다른 이들의 작업에 대한 '번역가'로
불린다. 이것은 무용수와 안무가의 관계를 정확히
표현하고 있을까? 우리는 어떤 다른 표현을 사용할
수 있을까?

무용수 혹은 안무가?

어떤 상황은 우리가 무용수인지 혹은 안무가인지
규정하기를 요구한다—훈련하는 동안 어느 시점에서 자주
일어나는 일이다. 이런 선택들은 무엇을 의미하는가?

지금 당신의 역할을 규정하는 것이 도움이 될까? 혹은
선택을 열어 둘 것인가?

안 혹은 밖?

어떤 안무가들은 집중을 유지하기 위해 작업 안에 있을 필요가 있다. 그 안에 있어야 당신에게 할 일이 주어지고, 다른 사람들을 미치게 만들지 않을 수 있다.

반면 거리를 둘 때 더 집중할 수 있고, 지켜보는 능력이 무한한 축복받은 사람들도 있다. 아니면 당신은 그저 긴장한 퍼포머인가?

스스로 그 과정을 체현함으로써 획득할 수 있는 지식은 무엇인가?

신체적 과정 바깥에 남아 있음으로써 획득할 수 있는 지식은 무엇인가?

누가 무엇을 소유하는가?

전반적으로 춤은 관대한 예술 형식이다. 우리 중 대부분은 생계를 꾸리기 위해 가르치고 우리가 아는 것을 넘겨준다. 춤은 정보를 나누는 오랜 역사를 지녔다. 발레를 생각해 보라. 수백 년간 스승에서 스승으로 전해지며 발전했고, 소유자가 없어 보일 만큼, 우리를 위한, 견고한 대상이 되는 데 그 모두가 이바지했다.

당신에게서 훔쳐 간 것은 대개 훔치는 과정에서 완전히 변형된다. ('훔치기' 참조)

당신은 무엇을 소유하길 바라는가? 당신 곁에 둠으로써 유용한 것은 무엇이며, 놓아 버림으로써 성찰할 수 있는 것은 무언인가?

어떻게 이 모든 것을 단순화할 수 있을까?

어떻게 이 모든 것을 단순화할 수 있을까?

이 모든 것을 잊어라

여기 실린 생각들은 당신에게 유용할 수도, 유용하지 않을 수도 있다. 당신에게 유용한 생각들은 이미 할 일을 끝냈다.

이런 아이디어들을 과도하게 의식한 채 작업하면 더 혼란스러울지도 모른다. 아마도 가장 좋은 것은 5년 후에, 당신이 알고 있었다는 사실조차 잊어버릴 즈음 아이디어가 난데없이 튀어나오길 기다리는 것이다.

당신이 이런 아이디어들을 잊어버렸을 때, 그것들은 당신 것이 될 것이며 사용할 준비가 되어 있을 것이다.

당신이 필요로 하는 아이디어는 필요할 때 난데없이 튀어나올 것이다.

이 모든 것을 잊어라.

참고 문헌

거스턴, 필립(Philip Guston).「믿음, 희망 그리고 불가능」
　(Faith, Hope, and Impossibility).『아트뉴스 애뉴얼 XXXI,
　1966』(Art News Annual XXXI 1966). 뉴욕: 아트 뉴스
　애뉴얼(Art News Annual), 1965년.

노베르, 장조르주(Jean-Georges Noverre).『무용과 발레에
　관한 편지』(Letters on Dancing and Ballets, 1760년).
　시릴 보몬트(Cyril Beaumont) 옮김(1930년). 햄프셔:
　댄스 북스(Dance Books), 2004년.

던, 더글러스(Douglas Dunn).『새로운 시 선집 1964~2000』
　(New Selected Poems 1964-2000). 런던·뉴욕: 페이버
　앤드 페이버(Faber and Faber), 2003년.

도너기, 마이클(Michael Donaghy).『월플라워』(Wall-
　flowers). 런던: 시 협회(The Poetry Society), 1999년.

랭어, 수전 K.(Susanne K. Langer)『감정과 형식』(Feeling
　and Form). 런던: 루틀리지 앤드 키건 폴(Routledge and
　Kegan Paul), [1953년]1979년.

리들리, 맷(Matt Ridley).『프랜시스 크릭: 유전 부호의
　발견자』(Francis Crick: Discoverer of the Genetic Code).
　뉴욕: 하퍼콜린스(HarperCollins), [2006년] 2008년.
　한국어판은『프랜시스 크릭: 유전 부호의 발견자』. 김명남
　옮김. 서울: 을유문화사, 2011년.

리히터, 게르하르트(Gerhard Richter).『그림 그리기의
　일상적 실천』(The Daily Practice of Painting). 런던: 템스
　앤드 허드슨(Thames and Hudson), [1995년]2002년.

마허, 존(John Maher).『초심자를 위한 촘스키』(Chomsky for Beginners). 케임브리지: 아이콘 북스(Icons books), 1996년.

『바가바드 기타』(The Bhagavad Gita). 알라디 마하데바 샤스트리(Alladi Mahadeva) 옮김. 마드라스: 사마타 북스(Samata Books), [1977년]1995년.

버로우스, 조나단(Jonathan Burrows).『안무가와의 대담』(Conversations with Choreographers). 런던: 사우스뱅크 센터(South Bank Centre), 1998년.

보들레르, 샤를(Charles Baudelaire).「웃음의 본질에 대하여」(On the Essence of Laughter).『근대 생활의 화가 그리고 다른 에세이들』(In The Painter of Modern Life and Other Essay). 조너선 메인(Jonathan Mayne) 편역. 보스턴: 다 카포 프레스(Da Capo Press), 1986년.

비트겐슈타인, 루트비히(Ludwig Wittgenstein).『철학적 탐구』(Philosophical Investigation). 옥스퍼드: 블랙웰(Blackwell), [1953년]1999년.

샌들러, 어빙(Irving Sandler).「거스턴: 귀향」(Guson: A Long Voyage Home).『아트뉴스』(Artnews), 58호 (1959년 여름).

스토어, 로버트(Robert Storr).『필립 거스턴』(Philip Guston). 뉴욕: 아베빌 프레스(Abbeville Press), 1986년.

아스테어, 프레드(Fred Astaire).『스텝 인 타임』(Steps in Time). 뉴욕: 하퍼콜린스(HarperCollins), [1959년]2008년.

업세터스(The Upsetters). 「버키 스캥크」(Bucky Skank).
　　싱글 음반. 리 스크래치 페리(Lee Scratch Perry)
　　프로듀싱. 트로이 레코드(Trojan Records), 1973년.

『옥스퍼드 컴팩트 영어사전』(The Oxford Compact English
　　Dictionary). 옥스퍼드 대학교 출판부(Oxford University
　　Press), 2000년.

이엔가르(Iuengar), B. K. B. 『요가의 발견』(Light on Yoga).
　　디트로이트: 아쿠아리안 프레스(The Aquarian Press),
　　[1966년]1991년.

지아시스, 마리아(Maria de Assis)·마텐 스팽베르크(Mårten
　　Spångberg) 엮음. 『캐피탈』(Capitals). 리스본: 칼로스트
　　굴벵키앙 재단(Fundação Calouste Gulbenkian), 2004년.

차먼, 로버트 A.(Robert A. Charman). 「운동 학습」(Motor
　　Learning). 『인간 움직임: 입문서』(Human Movement: An
　　Introductory Text). 매리언 트루(Marion Trew)·토니
　　에버렛(Tony Everett) 엮음. 3판. 런던: 처칠 리빙스턴
　　(Churchill Livingstone), [1981년]1997년.

커닝햄, 머스(Merce Cunningham). 존 투사(John Tusa)와의
　　대화. BBC 라디오 3, 2003년 12월 7일.

케이지, 존(John Cage). 「무에 관한 강연」(Lecture on
　　Nothing). 『사일런스』(Silence). 런던: 매리언 보이어스
　　(Marion Boyars), [1961년]1995년.

콕스, 크리스토프(Christoph Cox)·대니얼 워너(Daniel
　　Warner) 엮음. 『오디오 문화: 근대 음악 읽기』(Audio
　　Culture: Readings In Modern Music). 뉴욕: 컨티넘
　　(Continuum), 2004년.

크로, J. 레슬리(J. Lesley Crow). 「인간 움직임의 신경성 조절」(The Neural Control of Human Movement). 『인간 움직임: 입문서』(Human Movement: An Introductory Text). 매리언 트루·토니 에버렛 엮음. 3판. 런던: 처칠 리빙스턴(Churchill Livingstone), [1981년]1997년.

펠드먼, 모턴(Morton Feldman). 「다름슈타트 강의」(Darmstadt Lecture). 『모턴 펠드먼 선집』(Morton Feldman Essays). 발터 치머만 엮음. 뉴욕: 비기너 프레스(Beginner Press), 1985년.

— 「손상된 대칭」(Crippled Symmetry). 『모턴 펠드먼 선집』(Morton Feldman Essays). 발터 치머만 엮음. 뉴욕: 비기너 프레스(Beginner Press), 1985년.

프리쳇, 제임스(James Pritchett). 『존 케이지의 음악』(The Music of John Cage). 케임브리지: 케임브리지 대학교 출판부(Cambridge University Press), 1993년.

한드케, 페터(Peter Handke). 『연필 이야기』(Die Geschichte des Bleistifts). 필립 손(Philip Thorne) 옮김. 베를린: 주어캄프(Suhrkamp), 1985년.

헬른바인, 고트프리트(Gottfried Helnwein)·윌리엄 S. 버로스(William S. Burroughs)·하이너 뮐러(Heiner Müller)·라인홀트 미셀베크(Reinhold Misselbeck). 『헬른바인 얼굴들』(Helnwein Faces). 취리히: 에디션 슈템믈(Edition Stemmle), 1992년.

감사의 말

수년간 나와 함께 워크숍에 참여한 모든 분들에게 가장 큰 감사를 표한다. 이 책을 쓰는 동안 끊임없이 나와 함께한 그들의 사려, 질문 그리고 열정이 없었다면 엄두조차 내지 못했을 일이다. 워크숍에서 나온 말들, 즉 어려운 것들을 명확하게 설명해 내려는 시도가 담긴 말들을 인용하도록 허락해 준 이들에게 특별한 감사를 전한다.

나에게 안무와 구성을 가르쳐 준 케이트 플랫, 마테오 파지온, 케빈 볼런스, 그리고 질문하는 방법을 알려준 얀 리체마에게 감사드린다.

또한 나를 인내하고 지지해 준 아내 클레어 가즈마크에게 고마움을 전한다.

마테오 파지온, 에이드리언 히스필드, 나이절 하인즈, 그리고 크리사 파킨슨은 내가 글을 쓰는 동안 조언과 용기를 주었고, 줄리아 커러더스는 늘 든든하게 문장을 살펴 주었다. 다음 분들 역시 내가 무언가를 찾거나 명확히 하는 데 도움을 주었다. 램지 버트, J. 레슬리 크로, 닉 해프너, 크리스토퍼 하우스, 피오누알라와 마이레 니 크히오사인, 크리스티 닐슨, 다니엘라 페라조 돔, 애덤 로버츠, 레모 로스타뇨, 노에미 솔로몽, 그리고 필립 손.

내가 생각을 빌려 온 예술가들에게, 그들의 말만큼 그들의 작업에도 존경과 감탄을 보낸다.

나는 수년간 다양한 프로젝트에서 많은 사람 및 단체와 협업해 왔고, 그들의 예술성, 총명함, 헌신은 내

273

탐험의 기반이 되었다: 피터 애비글렌, 개비 애기스, 프랑크푸르트 발레단, 에밀리 바니, 린 브리스토, 로즈메리 부처와 무용단, 조 케이슬리헤이퍼드, 리처드 딘, 아너 테레사 더케이르스마커르, 익스템포러리 댄스 컴퍼니, 마테오 파지온, 데이나 포러스, 수사나 가르시아, 닐 게라티, 크레이그 기븐스, 수 글래서, 휴고 글렌디닝, 클레어 가즈마크, 더글러스 굴드, 케이트 고워, 실비 기엠, 잭 하잔, 루크 헤이든, 웬디 휴스턴, 마이클 헐스, 데버라 존스, 톰 존슨, 아크람 칸, 앤디 쿨룬더, 에드워드 램버트, 리즈 로런, 토머스 리먼, 마크 로리머, 에드윈 렁, 제임스 맥도널드, 티나 맥휴, 내털리 매캔, 로스 맥기번, 헨리 몬테스, 크리스 내시, 피터 뉴먼, 마이클 오헤어, 랑힐 올센, 애슐리 페이지, 크리사 파킨슨, 피오누알라 파워, 질리언 레비, 사이먼 라이스, 얀 리체마, 애덤 로버츠, 로열 발레단, 새들러 웰스 로열 발레단, 베벌리 샌드위스, 로빈 슐코브스키, 제러미 셰필드, 더들리 심프슨, 크리스티 심프슨, 로널드 스메들리, 헤르만 소르젤로스, 스파이럴 댄스 컴퍼니, 이언 스펄링, 주디 스테덤, 티머시 서턴, 윌리엄 트레빗, 러베나 터커, 윌리엄 터킷, 케빈 볼런스, 핀 워커와 니컬러스 윌슨.

수년간 나의 작업을 관리해 준 알파 홉킨스, 줄리아 커러더스, 그리고 나이절 하인즈에게 커다란 감사의 마음을 표한다.

또한 물심양면으로 나의 리서치를 지원해 준 다음의 분들 및 기관에 감사를 전한다. 존 애슈퍼드, 크리스토퍼

배너먼, 밸 본, 아시스 카레이로, 하위 콜스, 댄스 4, 우나 덕워스, 레슬리 에드워즈, 다비스 고사르드, 제인 그린필드, 그린위치 댄스 에이전시, 베치 그레고리, 기 지팡, 위고 아헌스, 레베카 핸슨, 발터 호인, 사이먼 잭슨, 어맨다 존스, 카이시어터 브뤼셀, 브렌던 키니, 부루이트 예술센터, 좀 미친슨, 노먼 모리스, 스티븐 먼, P.A.R.T.S. / 로사스 브뤼셀, 카를 레젠스부르거, 요한 레이니어, 런던 사우스뱅크 센터, 앨리스터 스폴딩, 테오 반 롬페이, 앙드레 테리고와 피터 라이트.

역자 후기

2010년 처음 출간된 조나단 버로우스의 『안무가의 핸드북』(A Choreographer's Handbook)은 지금까지 네 개 언어로 번역되었으며 한국어가 다섯 번째다. 춤과 안무에 관한 출판물이 이렇게나 많은 언어로 번역되었다는 사실은 눈에 뜨일 만한 기록이다. 그만큼 이 책에는 많은 사람들이 필요로 했던 이야기가 담겨 있음을 짐작해 볼 수 있다.

버로우스가 다년간 토론과 워크숍을 진행하며 다루었던 실천과 여정이 반영된 『안무가의 핸드북』은 실로 다양한 분야 그리고 서로 다른 매체를 다루는 많은 이들에게 길잡이가 되는 책이다. 안무를 처음 시작하거나, 안무 작업을 지속해 오거나, 혹은 안무가 아니더라도 그와 유사한 행위를 하거나, 보고 있는, 혹은 예술과 아무 관계도 맺지 않은 이들에게까지도 말이다.

처음 안무를 시작한 이에게 이 책은 안무 과정에서 요구되는, 그러나 아무도 들려주지 않았던 방법론들과 관점들을 습득할 수 있는 실용서이자 지침서로 읽힌다. 쉽사리 매몰되어 버리는 혹은 스스로를 매몰시켜 버리곤 하는 맹렬한 창작 과정에 놓인 이에게는 "당신이 무엇을 하려는지 몰라도 괜찮다"며 "이건 단지 작업일 뿐"이라고 다독이는 심리 치료이자 작은 안식처로 작동하기도 한다.

버로우스의 그 어떤 문장도 안무를 단언하지 않는다. 다만 안무를 상상하고 제안할 뿐이다. 이 책은 안무의 존재 방식을 유동적인 무언가로 바라보며 이를 둘러싼 관점과 질문, 태도를 다룬다. 이 '작은' 책 안에 담긴 '큰' 질문들, 즉 안무를 끊임없이 상상하고 다시 정의하며 성찰하도록 초대하는 질문들은 어떻게 그리고 왜 안무와 퍼포먼스를 만드는지에서부터 안무 작업 혹은 안무라는 개념이 적용될 수 있는 복잡한 행위와 실천의 과정 안에서 자신만의 길을 찾는 데에 적지 않은 도움을 줄 수 있다고 단언해 본다.

　　이 책 원서의 표지에는 작곡가 마테오 파지온이 그린 손 모양의 스코어가 있다. 책에서도 자주 언급되는 파지온은 버로우스와 30년간 협업을 이어 오고 있으며, 이 듀오의 작업은 춤과 음악, 퍼포먼스 사이를 가로지르며 발전되어 왔다. 이 둘의 최근작 중 하나인 「다시 쓰기」 (Rewriting, 2019년)는 책상 위에 놓인 108개의 카드를 바탕으로 카시오 키보드 음악과 더불어 말하고 움직이는 안무 작업이다. 카드에 적힌 언어와 생각은 버로우스가 2년이라는 시간이 걸렸으나 한 번도 선보이지 않은 작업 그리고 바로 이 책『안무가의 핸드북』에서 나왔다. 공연 중 버로우스는 이 작업을 '다시 쓰기'라고 부르기로 한 이유에 대해 "이 책을 다시 쓰고 싶어서가 아니라 책 안의 아이디어들이 너무나 익숙해져서 점점 더 보이지 않게 되었기 때문이다. 이 공연을 만듦으로써 아이디어와 다시 연결되고, 여러분과 이를 공유하고 싶었다"라고 말한다. 책이 출판된 지 10년이라는 시간이 지나, 저자 스스로 책의 언어들을 다시 끄집어 올려 '책을 공연'한다는 것은 이 책에 담긴 생각들이 끊임없이 다시 질문되는 방식으로 작동되며, 이러한 접근을 통해 시간을 관통하여 언제나 동시대적으로 머물 것이라는 선언이기도 하다.

실로『안무가의 핸드북』은 그 자체로 하나의 안무이자 하나의 퍼포먼스로 읽히기도 한다. 저자가 자유롭게 열어 둔 글의 형식과 구성, 문체에서는 시간과 공간, 호흡과 리듬, 유머와 같은 안무 요소들이 기대치 못한 순간 튀어 오른다. 때문에 글을 읽어 내려가다 보면 하나의 퍼포먼스를 지켜보듯 특정한 흐름을 목격하고 따라가게 된다. 이 책의 마지막 장 제목인 "이 모든 것을 잊어라"처럼 여기에 실린 모두를 잊고 있다 해도 책을 읽는 과정에서 천천히 그리고 산발적으로 축적된 아이디어들은 언젠가 필요하다 싶을 때 난데없이 튀어나오거나, 솟아오를 것이다.

안무라고 불리는 미지의 영역 그리고 그 안팎에 기다리고 있는 수많은 결정들은 두근거림과 두려움을 동시에 마주하게 한다. 역자 또한 그러한 순간마다 이 책을 펼쳐 버로우스와 그 동료들의 식견에 기대었다. 이 책을 처음 펼친 때로부터 10년이 가깝게 흘렀으나 『안무가의 핸드북』은 여전히 역자의 책장 맨 앞자리에 놓여 있으며, 독자들에게도 필요한 순간, 손이 닿는 곳에 있는 책이 되길 기대한다.

한편 이 책은 2020년 겨울, 역자들이 만나 안무와 퍼포먼스 분야의 서적 그리고 동시대 창작자에게 실질적인 도움을 줄 수 있는 서적의 부족에 대해 논의하던 중 언급되어 번역이 시작되었다. 번역 과정에서는 버로우스와 직접 만나고 이메일을 주고받으며 저자의 의도, 책 전반과 개별 단어가 지닌 맥락과 양상을 면밀히 파악하고자 했다. 예컨대 질문과 반영의 구조, 그리고 춤과 안무 언어의 표현적 특질, '어쩌면', '아마도'와 같이 느슨하고 다층적인 의미들을 지니는 원어의 언어적 특성을 반영하여 한국어 번역본에서도 동일한 방식의 접근을 지키고자 했다. 그럼에도 이 책의 번역에 부족한 틈이 있다면 이는 온전히 역자의 몫일 것이다.

'언젠가는'이라고 상상만 하던 한국어판 출판을 흔쾌히 실현해 준 작업실유령과 번번이 지체되었던 긴 과정을 여유로운 마음으로 기다리고 비어 있는 틈을 찾아 꼼꼼하게 메워 준 박활성 편집장에게, 무엇보다 역자의 이해와 의견, 언어를 존중해 준 그리고 한국의 독자들이 오랫동안 흥미롭게 곱씹을 수 있는 생각을 선사한 저자 버로우스에게 감사의 인사를 전한다.

정다슬, 한석진
2022년 9월

찾아보기

조나단 버로우스
안무가. 런던 로열 발레단에서 무용수로 활동을 시작했다. 지난 30년간
작곡가 마테오 파지온과 함께 퍼포먼스 중인 신체에 집중해 작업해 왔다.
『안무가의 핸드북』의 저자이며 현재 코번트리 대학교 춤 연구 센터
부교수이다.

정다슬
이화여자대학교와 독일 폴크방 예술대학에서 움직임을 연마했고, 함부르크
대학교에서 퍼포먼스 스터디로 석사 학위를 받았다. 현재 서울과 함부르크를
기반으로 활동하며 사회·문화적 장치로서의 안무 그리고 안무 안에서 춤이
아닌 것을 탐구한다. 최근에는 작업의 일환으로 설립한 정다슬파운데이션의
초석을 다지고 있다.

한석진
한국예술종합학교 무용원 이론과에서 예술사를 졸업하고 영국 서리
대학교에서 무용학 석사와 박사 학위를 받았다. 박사 학위 논문에서 디지털
퍼포먼스 속 몸과 안무 개념을 현상학과 포스트휴머니즘 이론을 바탕으로
탐구하였다. 현재 현상학, 기계 철학, 페미니즘 관점에서 동시대 춤과
퍼포먼스를 연구하고 있으며, 한국예술종합학교 무용원 이론과 교수로
재직 중이다.

안무가의 핸드북

조나단 버로우스 지음
정다슬, 한석진 옮김

1판 1쇄 발행
2022년 10월 27일, 작업실유령

편집: 워크룸
디자인: 슬기와 민
제작: 세걸음

작업실유령
03035 서울시 종로구 자하문로19길 25, 3층

문의
전화 02-6013-3246 팩스 02-725-3248
workroompress.kr
wpress@wkrm.kr
ISBN 979-11-89356-83-5 03680
17,000원

책등 드로잉: 마테오 파지온, 「손」(Hands) 스코어 일부, 1995년.